LA FAMILIA TAMBIÉN SE PODA

LUIS FERNANDO RODRIGO VALLEBONA

CÓMO EVITAR LA ENVIDIA FAMILIAR, EL CINISMO Y EL DAÑO

ÍNDICE

Palabras iniciales	1
Introducción a los falsos parientes	5
Características de los falsos parientes	21
Cómo distinguir a los falsos parientes	35
Casos reales de falsos parientes	49
La importancia de la confianza y la intuición	61
Estrategias para manejar a los falsos parientes	75
Limpieza de relaciones tóxicas	89
Consecuencias de no detectar a los falsos parientes	103
Cómo proteger a las futuras generaciones	115
Una guía para una convivencia auténtica	129
Conclusión	143
Palabras finales	147
Apéndice	151
Glosario de Términos	153
Recursos y Referencias	157

AVISO DE RESPONSABILIDAD

La información contenida en esta publicación se presenta únicamente como referencia. Ni el autor, ni la editorial, ni ninguna persona involucrada en la elaboración de este libro se responsabiliza por el uso que cada lector haga de la información ni por los resultados derivados de sus acciones.

Este libro está dedicado a mi Sra. y a mis hijos.

PALABRAS INICIALES

En el tejido humano de una familia, lo cercano no garantiza automáticamente la honestidad ni la buena voluntad. Se nos ha enseñado a pensar que la familia es sinónimo de unión incondicional, que el simple hecho de compartir sangre o apellido basta para merecer entrega total, lealtad ciega y perdón automático. Esa idea, repetida generación tras generación, rara vez se cuestiona, y por eso cuesta tanto nombrar lo que ocurre cuando no se cumple.

Este libro parte de esa experiencia diaria para explorar un fenómeno real y sutil en la instrumentalización de la cercanía por parte de ciertos parientes que actúan movidos por intereses que no siempre coinciden con el bienestar de la unidad. Lejos de fomentar la desconfianza, propone una lectura clara de dinámicas repetidas, de señales que, agrupadas, revelan una dirección que puede erosionar la confianza y la cohesión familiar.

La intención es ofrecer herramientas para distinguir entre el afecto auténtico y el afecto que funciona como moneda de cambio, y así proteger la salud emocional de todos.

La obra identifica patrones que suelen pasar inadvertidos si se contemplan como gestos aislados, bien sean favores condicionados, elogios selectivos que buscan obtener algo a cambio, críticas que disfrazan una supuesta buena intención, silencios cómplices ante conductas cuestionables y una inversión emocional que favorece a una parte y menoscaba a las demás.

También aparecen la ambigüedad, como táctica para ganar tiempo o evitar compromisos; y la culpa, empleada para justificar demandas o imponer narrativas. Estos elementos más allá de señalar culpables, desvelan un mosaico de comportamientos que, al repetirse, revelan una lógica de control o influencia que puede dañar la red afectiva.

Durante estas páginas se encontrarán una ruta práctica que combina observación cuidadosa, comunicación asertiva y límites claros, además se alienta a leer patrones a lo largo del tiempo, a exigir coherencia entre palabras y acciones, a escuchar con empatía y a plantear preguntas directas que esclarezcan intenciones.

Este libro enfatiza la necesidad de registrar interacciones relevantes, pedir apoyo de terceros neutrales cuando sea necesario y diversificar la red de apoyo para evitar dependencias peligrosas. El autocuidado y la protección emocional emergen como pilares de límites firmes, decisiones responsables y una circulación saludable de afecto que sostenga la autonomía personal sin fracturar la convivencia.

La misión es fortalecer vínculos que nutren, educar a las nuevas generaciones en una lectura ética de las relaciones y ofrecer un marco para actuar con valentía y compasión cuando la realidad se pone difícil.

Estas letras son una brújula para navegar con claridad por la complejidad de las emociones familiares, y una invitación a construir una convivencia más auténtica, más responsable y capaz de sostenerse a lo largo del tiempo, incluso ante tensiones inevitables. Con esa vocación, acompaña al lector capítulo tras capítulo hacia una vida familiar más humana y más sabia.

INTRODUCCIÓN A LOS FALSOS PARIENTES

No todos los lazos estrechos resultan ser genuinos y eso es algo que conviene reconocer con claridad, especialmente en el entramado humano de una familia. Aunque históricamente nos han hecho creer que la cercanía como parientes genera automáticamente honestidad y buena intención, en este capítulo desarrollaremos el término de "falso pariente".

Su definición se ha utilizado para nombrar a aquella persona que, pese a integrarse en el círculo familiar o presentarse como parte de él, actúa movida por intereses que no coincide con el bienestar de la unidad. Cabe señalar que no se trata de una apuesta por la desconfianza indiscriminada, es más bien una lectura estratégica de las dinámicas que, con el tiempo, pueden erosionar la confianza, el apoyo mutuo y la capacidad de la familia para sostenerse en momentos de dificultad.

Identificar estas dinámicas exige observar con atención patrones que se presentan repetidamente, señales que tomadas aisladas, podrían pasar inadvertidas, pero que en conjunto revelan una dirección que no es la que favorece la unidad.

La definición de un falso pariente se apoya, ante todo, en la observación de comportamientos que se mantienen a lo largo del tiempo y que revelan una diferencia entre la afectividad que se expresa y las acciones que se esperan en una relación verdaderamente recíproca.

Entre esos rasgos se destacan favores condicionados, elogios que parecen amplificar la autoestima cuando resultan útiles para la otra parte, o críticas que se muestran como consejos bienintencionados, pero que buscan, en el fondo, moldear decisiones o controlar narrativas.

También es frecuente encontrar silencios cómplices ante conductas impropias, una inversión emocional desproporcionada que parece favorecer a una de las partes y, a la vez, descalificar o descartar a los demás miembros cuando no sirven a un objetivo concreto.

En contextos sociales, estas dinámicas pueden traducirse en alianzas discretas para ganar influencia, ganancias simbólicas o acceso a recursos; y en el plano interno de la familia, en un desgaste sutil que erosiona la confianza entre hermanos, primos o padres e hijos adultos.

Reconocer la presencia de estas dinámicas no implica una lectura catastrófica de la familia, sin embargo, puede ser una señal de la apertura de una visión más clara; ya que al entender quién aporta valor real a la relación y qué vínculos sostienen la red afectiva, es posible priorizar vínculos saludables y protegerse de manipulaciones que, con el tiempo, pueden dejar secuelas difíciles de reparar.

Motivar la identificación de estos patrones nace de la necesidad de preservar la salud emocional y la cohesión del grupo familiar, porque cuando las relaciones se distorsionan por intereses ocultos, el costo es elevado y se acumula con el tiempo.

Además, los conflictos resurgen con la misma intensidad, los resentimientos persisten mucho más allá de un episodio puntual y se genera una sensación de traición que puede aposentarse en las reuniones y en los recuerdos compartidos.

Por ello, resulta útil mapear comportamientos típicos y gatillos que activan la desconfianza, con el objetivo de prever tensiones y tomar decisiones más informadas acerca de dónde invertir tiempo, energía y límites.

Este libro propone una ruta práctica para abordar la complejidad de estas dinámicas con empatía y determinación, al escuchar con atención sin dejarse llevar por elogios vacíos, notar cuando la reciprocidad es condicionada y reconocer que el apoyo ofrecido solo aparece en momentos convenientes, y son prácticas que permiten distinguir entre afectos legítimos y aquellas maniobras que buscan obtener ventajas a costa de la verdad.

También se distingue entre simpatía y responsabilidad; la primera puede confundir y la segunda exige una asunción consciente de límites, responsabilizarse de los propios errores y no transferir inevitables culpas a otros. La motivación es empoderar, no señalar culpables y dotar a cada lector de herramientas para construir una red afectiva que favorezca el crecimiento mutuo, la responsabilidad compartida y la autonomía emocional dentro de la familia.

La claridad sobre las intenciones de quienes nos rodean se convierte en una habilidad central para sostener vínculos humanos que nutren, incluso ante tensiones inevitables.

Para entender mejor la definición y el alcance de este fenómeno, conviene pensar en ejemplos que suelen ocurrir con frecuencia en entornos familiares, sin necesidad de recurrir a casos extremos o ajenos a la realidad cotidiana. Imaginemos a un primo que llega a una reunión y, con expresiones de gran cercanía, ofrece ayuda para un proyecto personal a cambio de la promesa de lealtad futura en decisiones delicadas.

En la superficie, la ayuda parece desinteresada, pero al observar el contexto se advierte que la verdadera monetización de la relación se produce a través de favores que se piden después y de elogios que se intensifican cuando el tema beneficia a esa persona.

Otro patrón común es el uso de la culpa en alguien que señala una supuesta distancia cuando otro no acepta una demanda, recalcando que "la familia debería estar unida" para luego presentar como prueba de afecto la presión para que se acaten ciertos deseos.

La ambigüedad también es una aliada de la manipulación, porque hay promesas vagas, cambios de versión según la audiencia y una serie de relatos que buscan influir en la memoria colectiva de la familia. En redes y círculos sociales, puede aparecer la figura del "aliado estratégico" que, ante las cámaras, respalda a todos, pero en privado alimenta rumores o sesga informaciones para colocar a favor de un relato concreto.

Estos comportamientos, repetidos con regularidad, minan la confianza y crean un clima en el que la verdad puede quedar enterrada bajo una capa de interpretaciones convenientes.

El alcance de estos fenómenos es amplio porque no se limitan a un solo tipo de relación ni a un solo lugar de la casa; además, pueden aparecer en las dinámicas entre hermanos adultos que compiten por reconocimiento, entre primos que buscan influencia para inclinaciones futuras, o entre padres e hijos cuando hay disputas por decisiones que involucran recursos, cuidados o legados.

De una forma más sutil, se puede manifestar en la manera como se comunican las noticias; por ejemplo, una versión que se presenta para ganar simpatía y otra que queda oculta para evitar que se cuestionen ciertos intereses.

Aquí la clave es la coherencia entre palabras y acciones a lo largo del tiempo, la capacidad de escuchar y sostener conversaciones difíciles sin buscar ventaja, y la apertura para admitir errores cuando se presentan. Estas condiciones señalan una relación que puede sostenerse con autenticidad, incluso en medio de tensiones, porque cuando no se cumplen, es mayor el riesgo de que se perpetúen dinámicas que erosione la confianza y la seguridad emocional de la familia.

En términos prácticos, reconocer a un falso pariente requiere una mirada amplia y al mismo tiempo rigurosa:

- **Amplia**: implica observar cara a cara las interacciones, los mensajes implicados, las demandas que se esconden detrás de una aparente amabilidad y el patrón de respuesta ante conflictos.
- **Rigurosa:** trata de distinguir entre señales aisladas y un conjunto de indicios que apuntan a un objetivo claro de influir, controlar, obtener beneficios o desviar recursos.

Las herramientas para este análisis no buscan convertir a la familia en un laboratorio de sospechas, sino permitir que cada miembro pueda tomar decisiones informadas sobre su nivel de confianza, el grado de cercanía que está dispuesto a mantener y los límites que necesita establecer para proteger su bienestar.

En ese sentido, la intuición juega un papel valioso, siempre afinada por la experiencia, la observación repetida y la reflexión conjunta cuando la familia se reúne para revisar cómo se sienten ante ciertas conductas o decisiones.

Para fijar la idea central, es útil imaginar un marco mental sencillo, uno que distinga entre el afecto que se mantiene por su propia bondad y el afecto que funciona como moneda de cambio.

Cuando las personas se comportan como si todo fuera natural y sin condiciones, el vínculo fluye con naturalidad; cuando, aun presentes, aparecen para sumar condicionamientos o para sostener un relato que beneficia a una parte, el vínculo se ve ensombrecido por intereses.

Este marco no pretende simplificar la complejidad humana ni eliminar la posibilidad de que haya momentos de tensión legítimos en la familia, al contrario, busca proporcionar una brújula para orientar las decisiones cuando esas tensiones surgen y para proteger el equilibrio emocional de quienes integran la red familiar.

En última instancia, comprender qué es un falso pariente y qué implica su presencia abre la puerta a una convivencia más consciente, en la que se priorizan vínculos que sostienen el crecimiento, la confianza y la dignidad de cada miembro, sin ignorar la necesidad de límites claros y de una responsabilidad compartida para cuidar la salud emocional de la familia en su conjunto.

La definición y el alcance de los falsos parientes se enmarcan en una realidad que, aunque dolorosa en algunos momentos, ofrece una oportunidad de aprendizaje y fortalecimiento.

Reconocer y nombrar estas dinámicas es el primer paso para armar una red afectiva más auténtica, capaz de sostenerse ante desafíos, de resistir a la tentación de forzar la lealtad a costa de la verdad y de sostener, con valentía y empatía, el bienestar común.

Este enfoque permite avanzar hacia una relación familiar más transparente, donde la libertad emocional de cada miembro es respetada y donde la responsabilidad compartida se convierte en la base de una convivencia que honra la dignidad de todos.

Al final, la claridad sobre lo que es auténtico y lo que no lo es no rompe lazos humanos; los refuerza cuando se acompaña de límites sanos, comunicación abierta y un compromiso continuo con la salud emocional de la familia.

Motivar la identificación de falsos parientes nace de una necesidad profunda de proteger la salud emocional y la cohesión de la familia frente a dinámicas que, por discreción o por repetición, terminan erosionando la confianza y el bienestar de todos.

Cuando las relaciones familiares se distorsionan por intereses ocultos, el costo no es menor; los efectos se despliegan en forma de conflictos que se repiten, los resentimientos se acumulan y hay una sensación de traición que termina infiltrándose en reuniones, en conversaciones cotidianas y en la memoria de los encuentros compartidos.

Identificar temprano estas dinámicas no implica caer en la desconfianza, significa adquirir una claridad estratégica para decidir dónde invertir tiempo, energía y límites, y para priorizar vínculos que sostengan la autenticidad de la familia.

La motivación para identificar no surge del deseo de señalar culpables, nace del compromiso con un entorno familiar en el que el afecto y la responsabilidad caminen de la mano. A veces, la presencia de un supuesto lazo cercano puede invisibilizar una agenda personal que no tiene como prioridad el bienestar colectivo. En otras ocasiones, la presencia de elogios, favores o gestos de cercanía aparentes funciona como una máscara que oculta decisiones que benefician a una sola parte.

Comprender estas tensiones y reconocer su repetición a lo largo del tiempo permite a cada miembro de la familia situar las señales dentro de un marco más amplio porque no todo lo que parece afecto es necesariamente un apoyo desinteresado, y no toda distancia o reserva es una traición.

El propósito es ofrecer herramientas para distinguir entre lo que nutre y lo que desgasta, para que la red de vínculos pueda fortalecerse a partir de la claridad y la responsabilidad compartida.

Observemos cómo se manifiestan estos patrones en la vida diaria, ya que uno de los elementos clave es la recurrencia de comportamientos que aparecen una y otra vez, de forma que, con el tiempo, se vuelven predecibles.

- **Favores condicionados:** alguien ofrece apoyo o facilita beneficios solo cuando se cumplen determinadas condiciones que le aseguran una ganancia futura.
- **Elogios selectivos:** palabras de alabanza que surgen cuando se busca influir en una decisión o ganarse un favor, dejando fuera la legitimidad del reconocimiento cuando las circunstancias no le interesan.
- **Silencios cómplices ante conductas impropias:** la omisión de señalar o corregir comportamientos

que, si se denunciaran, podrían trastocar una narrativa que favorece a una parte específica; y en paralelo, una constante inversión emocional que favorece desproporcionadamente los intereses de uno, dejando a los demás con menos espacio para expresar sus propias necesidades.

En contextos sociales y familiares estas dinámicas pueden tomar formas más sutiles como alianzas discretas para ganar influencia, distracciones estratégicas para desviar atención de un conflicto real, o una especie de desgaste gradual que mina la confianza entre hermanos, primos o hijos adultos.

Reconocer su existencia, como ya se mencionó, no es juzgar de antemano ni diagnosticar traiciones permanentes; es más bien, abrir la puerta a una lectura más realista de la red afectiva que sostiene la familia y quiénes realmente aportan apoyo estable, quiénes demuestran consistencia entre lo que dicen y lo que hacen, y quiénes tienden a actuar movidos por intereses que no corresponden al cuidado mutuo.

La motivación central entonces se orienta hacia un objetivo práctico y humano de construir un marco de relaciones más sanas, donde la autenticidad de los afectos se contraste con intentos de instrumentalización.

Este marco no busca separar a la familia de forma abrupta, pero sí enseñar a distinguir entre vínculos que nutren y aquellos que, aun siendo cercanos, funcionan como instrumentos de poder o control. Para ello, es crucial entender que la identificación no es una caza de brujas, es una disciplina de observación y decisión que implica escuchar con atención y discernir entre elogios que fortalecen y promesas que encubren ventajas personales.

A su vez, significa reconocer cuando la reciprocidad es genuina y cuando la escucha es condicionada a una agenda propia; también implica identificar la diferencia entre simpatía y responsabilidad, porque la simpatía puede ser una buena intención, pero la responsabilidad es exigible cuando las acciones de alguien afectan el bienestar de la unidad familiar.

Este libro propone una ruta práctica para explorar con empatía y claridad, ya que la empatía no se reemplaza por la vigilancia; se equilibra con una mirada crítica que no se cierra ante señales disonantes.

Es importante señalar que escuchar con apertura, pero sin dejarse arrastrar por elogios vacíos o promesas ambivalentes, se vuelve una habilidad central; y observar cuándo la reciprocidad aparece de forma auténtica, o cuándo la ayuda llega solo en momentos de conveniencia, se transforma en un hábito que guía la toma de decisiones.

Por otro lado, notar la diferencia entre simpatía y responsabilidad permite, por ejemplo, distinguir entre otro teléfono que ofrece consuelo en una crisis y una red de apoyo que se mantiene disponible incluso cuando no hay una ganancia explícita.

La motivación para identificar también implica una invitación a evaluar el propio comportamiento porque cada persona, al mirar hacia adentro, puede preguntarse si está contribuyendo a un clima de confianza o si, por el contrario, está replicando patrones que alimentan control o dependencia.

Reconocer errores propios, asumir responsabilidades cuando corresponde y corregir rutas de acción son componentes clave de una convivencia más madura.

En este sentido, la identificación es una práctica de responsabilidad personal y colectiva, ya que cuando una familia se fortalece en la capacidad de evaluar con honestidad sus dinámicas, se crean condiciones para que el crecimiento compartido tenga un terreno más sólido.

La ruta que propone este capítulo no es rígida ni dogmática, no se trata de fabricar una lista de culpas ni de etiquetar a cada familiar como "falso" por una experiencia aislada. Se trata, en cambio, de desarrollar criterios operativos para observar con paciencia, conversar con claridad y decidir con base en lo que mejore el bienestar común a largo plazo.

Ser consciente de estas dinámicas abre también espacios para que las nuevas generaciones aprendan a distinguir entre afecto genuino y utilitarismo.

A través de la educación emocional que se sugiere, niños y jóvenes pueden entender que el amor familiar no se compra ni se impone; se cultiva con límites sanos, con honestidad en las conversaciones y con un marco de responsabilidad compartida. Este es un eje que, en el plan del libro, sella la continuidad entre generaciones de fomentar autonomía emocional dentro de la familia sin renunciar a la cercanía ni a la pertenencia.

La motivación, en última instancia, busca empoderar:

- Poder identificar claramente cuándo una relación nutre y cuándo, por el contrario, resta.
- Poder decidir con serenidad dónde invertir energía, límites y tiempo.
- Poder distinguir entre una palabra de aliento que fortalece y una crítica que, disfrazada de preocupación, busca consolidar una posición.
- Poder mantener la esperanza de vínculos auténticos mientras se definen límites que protejan el bienestar de cada quien y, a la vez, el equilibrio de la familia en su conjunto.

Este equilibrio no es estático y requiere vigilancia consciente, comunicación abierta y un compromiso continuo con la verdad compartida. En la medida en que una persona interioriza estas ideas, la lectura de la realidad familiar se vuelve menos ambigua y más manejable.

Los patrones que, a primera vista, pueden parecer inevitables o naturales, pierden su carácter de destino para convertirse en retos que se pueden enfrentar con herramientas concretas con mapas de comportamientos, preguntas directas, límites claros y un acompañamiento emocional que no abandona a nadie, pero que también no consiente abusos ni manipulación.

La motivación para identificar, por tanto, es una invitación a construir una red de relaciones que sostenga a la familia en la adversidad y que, al mismo tiempo, preserve la dignidad de cada miembro. Este camino no excluye la complejidad de las emociones ni la dificultad de las situaciones familiares, al contrario, abraza la realidad de que los lazos humanos implican vulnerabilidad y responsabilidad.

> Reconocer que algunas dinámicas, por más familiares que sean, requieren reevaluación, rectificación o incluso distanciamiento temporal o definitivo cuando ya no responden al bien común, es un acto de cuidado profundo.

El libro, desde este capítulo, se propone acompañar a cada lector en ese proceso y ofrecer herramientas para ampliar la mirada, fomentar una comunicación más honesta y establecer límites que protejan el bienestar emocional de todos los implicados, sin perder la humanidad que caracteriza a la familia.

A MANERA DE CIERRE

En síntesis, la motivación para identificar a los falsos parientes nace de un compromiso básico con la verdad afectiva y con la salud del entramado familiar.

Es una invitación a mirar con atención, a escuchar con intención y a actuar con responsabilidad cuando las señales lo requieren. Es, en definitiva, una apuesta por vínculos que sostienen, enriquecen y liberan, permitiendo que las relaciones familiares maduren hacia una autenticidad que no cede ante la conveniencia, sino que se fortalece a través de límites claros, empatía sostenida y un sentido compartido de responsabilidad.

Ahora sigue comprender las características que delatan a los falsos parientes y aprender a distinguir entre afecto genuino y interés disfrazado, con ejemplos y herramientas prácticas que faciliten la aplicación en la vida cotidiana.

CARACTERÍSTICAS DE LOS FALSOS PARIENTES

Las conductas reveladoras emergen como un hilo fino que, entrecruzado una y otra vez, revela el tejido profundo de una relación. En este capítulo nos enfocamos en esas microseñales que, repetidas a lo largo del tiempo, permiten distinguir cuándo la cercanía de alguien en la familia está acompañada por un interés que no coincide con el bienestar de la unidad.

No se trata de un juicio impulsivo ante un gesto dudoso aislado, se analiza a través de una lectura pausada y detallada de patrones que, si se observan con paciencia, señalan una dinámica de instrumentalización más que de cuidado desinteresado. Así, las conductas reveladoras se vuelven herramientas para proteger la salud emocional y, al mismo tiempo, para sostener vínculos que sí nutren y sostienen a la familia cuando se dan en condiciones adecuadas.

En primer término, es útil entender que estas conductas no surgen por casualidad. Se tejen a partir de favores condicionados que aparecen sólo cuando hay recompensa, de elogios selectivos que sirven para obtener un resultado concreto, o de la continua reaparición de conflictos que parecen reales pero que, en el fondo, no lo son; y hay un desacuerdo de principio que se mantiene como pretexto para intervenir, dominar la conversación o dirigir decisiones.

Un falso pariente, entonces, puede mostrarse disponible para ciertos temas que le reportan poder o estatus, y ausentarse en momentos de apoyo emocional genuino, como si la intimidad afectiva tuviera un precio o una ventana de oportunidad que él sabe cuándo abrir y cuándo cerrar.

Esta alternancia entre presencia instrumental y ausencia sustantiva es una de las claves para identificar patrones; y la atención se concentra en aquello que otorga control o influencia, pero se diluye cuando el tema exige vulnerabilidad, escucha empática o compromiso sostenido sin beneficios aparentes.

La ambigüedad funciona como una estrategia deliberada para ganar tiempo y evitar compromisos claros, ya sean promesas vagas, planes que quedan siempre en el plano de lo pendiente y la postergación de decisiones relevantes crean un colchón de incertidumbre que favorece al que maneja la narrativa.

En estos casos, la comunicación se llena de dobles sentidos: lo que se dice parece una oferta de ayuda, pero, en la práctica, se convierten en condicionamientos encubiertos para obtener favores, información o aprobación.

Esa ambigüedad también facilita justificar comportamientos contradictorios y se minimiza un error con una disculpa general que no implica cambio de hábitos, se restan responsabilidades o se desplaza la culpa hacia otros para evitar responsabilidad personal.

Aquí la consistencia entre palabras y acciones—un elemento que parece simple, pero que es tan revelador—se desplaza hacia una franja más oscura, y se habla de apoyo, se promete presencia, pero la realidad diaria muestra ausencias programadas o respuestas que solo emergen cuando el beneficio está asegurado.

La culpa, utilizada como herramienta, es otra de las señas de identidad de estas conductas reveladoras. En muchas ocasiones, la manipulación se apoya en la carga emocional de la familia: "si no cuentas conmigo, ¿quién te va a apoyar?" o "si no haces lo que digo, la armonía de la casa se rompe".

La estrategia no es simplemente hacer cumplir una exigencia concreta, a su vez incorporan la vergüenza o la responsabilidad colectiva como argumento para que la otra persona se ajuste a un objetivo particular.

Este uso de la culpa puede presentarse en forma de reproches velados, recordatorios de deudas emocionales o insinuaciones de que quien no cede está traicionando a la familia.

Reconocer estos movimientos no significa convertir a la persona en enemiga, es situar la interacción dentro de un marco de límites y revisar qué dinámicas son aceptables para el bienestar común y cuáles son intentos de control que deben ser confrontados de forma firme y clara.

La consistencia entre palabras y acciones es, por su propia naturaleza, un termómetro de la autenticidad. Cuando alguien promete estar para uno en momentos difíciles, pero su comportamiento cotidiano contradice esa promesa—evadiendo conversaciones difíciles, silenciando críticas, o sosteniendo una narrativa que siempre favorece su perspectiva—surge una señal de alarma.

A las señales de incoherencia se suman los casos en que la reciprocidad en la relación no es real y la conversación parece equilibrada, pero la apertura emocional y la vulnerabilidad no fluyen de forma recíproca. En estas situaciones, las conversaciones difíciles se vuelven una prueba de verdad:

¿La otra persona escucha con empatía y responde con responsabilidad cuando se enfrentan errores, o se protege a sí misma y retrocede ante cualquier evidencia de discrepancia?

La observación cuidadosa de estas respuestas proporciona claridad sobre la sostenibilidad de la relación. Los silencios también revelan mucho y no es raro que un falso pariente emplee silencios estratégicos para evitar comprometerse o para manipular el ritmo de la conversación.

Ausentarse de temas que podrían generar tensiones o retrasar deliberadamente decisiones importantes es una táctica que reserva la energía emocional para momentos oportunos y que, a veces, deja a los demás en un estado de indefensión o de constante negociación. En este marco, la pregunta no es solo "qué dijo" sino "cuándo dejó de decir" y "qué dejó sin decir". La gente auténtica tiende a sostener el diálogo en su totalidad, hay escucha, respuesta con claridad y mantienen una apertura real para revisar acuerdos cuando la realidad lo requiere.

En contraste, los silencios estratégicos dejan de ser cortesía y se convierten en una forma de control que dificulta la construcción de confianza mutua.

La crítica, cuando aparece disfrazada de consejo, es una de las formas más sutiles de desmoralización progresiva. Se presenta como una guía, pero su efecto es minar la seguridad y sembrar la duda sobre las propias decisiones.

En estos casos, el tono, la intención y el momento marcan la diferencia, ya que un comentario que busca enriquecer o apoyar puede ser productivo si se acompaña de un marco de respeto y de intercambio genuino; una crítica que se cuela para señalar defectos y reforzar la superioridad del otro, sin ofrecer ayuda concreta para mejorar, es una señal de desalineación de intereses.

La distinción entre un consejo bien intencionado y un arma de desgaste se hace visible cuando se pregunta:

¿El interlocutor está dispuesto a asumir responsabilidades junto a mí, o sólo quiere imponer su visión para obtener una ganancia personal?

Entre los indicadores prácticos, figura la forma en que se manejan las conversaciones difíciles. En una interacción auténtica, las personas se comprometen a entender al otro, a hacer preguntas para aclarar y a buscar soluciones compartidas, aun cuando las opiniones difieran.

En una relación con elementos de interés disfrazado, las conversaciones suelen terminar con un giro y la otra persona cambia de tema, evita los compromisos o reformula la discusión para que parezca que se ha llegado a un acuerdo cuando, en realidad, no hay un compromiso verdadero.

Este patrón, repetido, es un aviso claro de que la relación podría estar operando con una agenda distinta a la de cuidar el bienestar emocional de todos.

A modo de ejemplo, consideremos un caso hipotético pero plausible para este marco analítico. Laura, una madre de dos hijos, nota que su primo Diego se muestra extremadamente elogioso cada vez que Laura propone una idea que podría beneficiar a la familia de manera general, pero luego, en privado, descalifica esa misma idea o sugiere ajustes que la harían menos viable, a favor de proyectos que sólo lo benefician a él.

Diego ofrece ayuda para organizar un viaje familiar, pero exige que Laura acepte cambios en la distribución de tareas que favorecen sus intereses, y cuando Laura se niega, Diego rebobina y se presenta como el puente imprescindible para que todo siga funcionando, insinuando que "sin su intervención" las cosas se desorganizarían.

En las reuniones, Diego comparte elogios públicos sobre la generosidad de Laura, pero en conversaciones privadas difunde interpretaciones de la discusión que la retratan como irrazonable o excesivamente rígida. En este escenario, la lectura de conductas reveladoras permite a Laura discernir entre un supuesto apoyo que es útil solo para Diego y una presencia que, de verdad, podría sostenerla si se trabajara en una relación basada en responsabilidad compartida, límites claros y una reciprocidad real.

Conocer estas señales no es tarea de vigilancia constante ni de desconfianza permanente, es una práctica de discernimiento que busca proteger el bienestar común sin convertir la vida familiar en una arena de sospecha permanente.

La lectura de estas conductas debe acompañarse de una actitud de establecimiento de límites, al identificar dónde comienzan y cómo comunicarlos de forma asertiva, clara y respetuosa.

El objetivo es distinguir entre afecto auténtico y manejo de intereses que, si no se reconocen, erosionan con el tiempo la confianza y el sentido de pertenencia. En última instancia, la finalidad de identificar estas conductas reveladoras es fortalecer vínculos que sostengan a la familia en momentos de crisis, sin perder la claridad de que cada miembro merece un espacio seguro para expresar sus emociones, pedir ayuda y avanzar con autonomía emocional.

La capacidad de detectar estas señales se nutre de la observación continua, de la escucha atenta y de una comunicación que priorice la verdad compartida por encima de la conveniencia momentánea.

A medida que avancemos en este libro, veremos cómo estas herramientas de observación se vuelven más precisas y útiles, no para etiquetar a las personas, sino para construir un marco de convivencia más sano y sostenible.

La lectura de estas conductas debe llevar, a la práctica, a decisiones que protejan el bienestar de todos con límites que se mantienen con firmeza, respuestas que se formulan sin ataques personales y una red de apoyo que, cuando se necesita, está dispuesta a caminar junto con cada miembro de la familia.

En ese equilibrio entre reconocimiento y acción, emerge la posibilidad de una convivencia que honra la humanidad de cada persona y la responsabilidad compartida de cuidar el entramado afectivo que nos une.

Las conductas reveladoras se manifiestan, en su mayoría, como un conjunto de microseñales que apenas si llaman la atención a simple vista, pero que, analizadas con paciencia, revelan una pauta estructural en las relaciones.

No se trata de gestos grandiosos ni de transgresiones evidentes; se trata de patrones repetidos que, con el tiempo, permiten distinguir entre una cercanía que nutre y otra que instrumentaliza. En el centro de estas dinámicas hay un falso pariente que, aun formando parte de la red familiar o actuando como tal, orienta sus acciones hacia intereses propios que no necesariamente coinciden con el bienestar de la unidad.

Este capítulo se propone describir esas conductas reveladoras con precisión y, sobre todo, con utilidad práctica de cómo reconocerlas, cómo responder y cómo proteger el tejido afectivo de la familia sin perder la humanidad que la caracteriza.

Una de las líneas más visibles de estas conductas es el conjunto de favores condicionados. El gesto de ayuda aparece, no como una invención de bondad, lo hace como una moneda de cambio que se activa solo cuando se obtiene a cambio algo que el otro desea o necesita. Es frecuente que puedan verse favores que se ofrecen con un recordatorio implícito de deuda, con una exigencia velada de gratitud o de reciprocidad futura.

Este tipo de dinámica no siempre es evidente de inmediato, porque el beneficiario puede sentirse realmente agradecido y, aun así, quedarse atrapado en un ciclo de dependencia sutil.

A medida que se proponen estos intercambios, se teje una especie de red de responsabilidades desequilibradas que, con el tiempo, termina formando un mapa donde la toma de decisiones queda condicionada por la expectativa de retribución.

Otra señal primera es la crítica disfrazada de consejo. En lugar de una opinión desinteresada, surge una intervención que parece útil y orientada al bienestar, pero que revela un interés subyacente de orientar a la familia hacia un compromiso o una visión que favorece a quien habla.

Este patrón puede presentarse como una recomendación profesional de alguien que, a su vez, busca credibilidad o influencia, o como una supuesta guía paternal que, en realidad, busca cimentar un liderazgo dentro de ciertos temas. La línea entre consejo genuino y intervención interesada puede volverse difusa cuando las críticas se repiten en repetición, cuando se condicionan a una aceptación previa de ciertos criterios o cuando no se ofrece *feedback* constructivo sino un marco para justificar el control.

La reaparición constante de conflictos donde no hay conflicto real es otra microseñal particularmente reveladora. En ocasiones, un tema menor o un desacuerdo menor se transforma en un ciclo interminable de disputa que sólo beneficia a quien necesita demostrar poder o llamar la atención.

Este fenómeno no surge por casualidad, funciona como una especie de terreno fértil para que el falso pariente mantenga un rol central, de defensa o de mediador indispensable, mientras el resto de la familia se desgasta.

Cuando la tensión se recicla de forma recurrente, la energía emocional se concentra en disputas que no tienen un alcance genuino, y el resultado es una erosión de la confianza y una merma en la intimidad necesaria para el crecimiento conjunto.

La disponibilidad selectiva es cuando un falso pariente puede mostrarse presente y cercano solo para temáticas que le aportan poder, estatus o control, y, en cambio, ausentarse de manera sistemática cuando se trata de apoyo emocional genuino o de momentos de vulnerabilidad.

Esta discrepancia entre presencia y empatía revela una intención de situarse en un lugar cómodo; y de ser quien recibe elogios o quien decide qué temas merecen atención, sin necesariamente estar dispuesto a acompañar en las situaciones difíciles que requieren escucha y sostén.

La ambigüedad, como herramienta de gestión del tiempo y de la decisión, funciona también para ganar distancia o para posponer confrontaciones importantes. Promesas vagas, compromisos poco claros y una suits de respuestas que cambian según la audiencia permiten que el interlocutor mantenga una flexibilidad que no favorece a la relación en su conjunto.

En vez de avanzar hacia acuerdos concretos, se mantiene un clima de indefinición que, a la larga, favorece al que maneja el ritmo de la conversación. Esa ambigüedad, en su forma más previsora, se convierte en una barrera que impide que la familia tome decisiones cohesionadas y responsables.

La culpa es, a menudo, la estrategia de control más sutil porque al señalar distanciamiento o incapacidad de sostener la cercanía como si fuera un defecto personal de los demás, el falso pariente logra justificar su propia conducta manipuladora.

Convertir la responsabilidad de la armonía familiar en una carga de los otros no es más que un modo refinado de evitar rendiciones o correcciones. La culpa, en estas dinámicas, no ayuda a resolver problemas; simplemente consolida una jerarquía silenciosa en la que el que tiene más poder decide cuándo y cómo se debe actuar.

A lo largo de estas manifestaciones, la coherencia entre palabras y acciones se erige como un barómetro clave; especialmente, cuando hay discrepancias entre lo que se dice y lo que se hace, o cuando las promesas se deshacen ante la primera oportunidad de beneficio personal, aparece una señal mayor de alerta.

La reciprocidad real —la capacidad de sostener conversaciones difíciles sin que se aproveche de las vulnerabilidades de los demás, y la disposición de dar y recibir con equidad— se convierte en un criterio práctico para distinguir entre afecto auténtico e interés disfrazado.

La observación cuidadosa de cuándo, con quién y en qué circunstancias emergen estas conductas es fundamental. No todas las personas que muestran alguno de estos rasgos son necesariamente falsas en todos los sentidos; lo crucial es identificar patrones que se repiten en contextos diversos y que consistentemente favorecen a una sola parte.

Esta lectura no busca culpar, el objetivo es ayudar a entender que se debe poner límites, para que las relaciones se ajusten a un marco de respeto, responsabilidad y cuidado mutuo. En ese sentido, la motivación para identificar no es una caza de brujas, sino una práctica de claridad estratégica, al saber qué vínculos sostener, cuáles revisar y qué decisiones tomar cuando la autenticidad se pone a prueba.

> Reconocer estos signos facilita, además, trazar límites claros y priorizar vínculos que nutren frente a aquellos que explotan.

El libro propone herramientas para ampliar la mirada como observar la constancia entre lo que se afirma y lo que se realiza, distinguir entre elogios que fortalecen y elogios que instrumentalizan, y diferenciar entre cercanía que invita a crecer y cercanía que encierra para beneficio propio.

Esta capacidad de discernimiento no es una desconfianza irreductible, sino un pacto con la realidad: una familia que aspira a sostenerse en situaciones complejas necesita una red de relaciones marcadas por honestidad, responsabilidad y apoyo mutuo.

A partir de este conocimiento, el lector puede comenzar a aplicar criterios operativos en la vida cotidiana. No se trata de etiquetar precipitadamente a nadie, lo ideal es observar con paciencia, conversar con franqueza y decidir con base en lo que fortalece la red afectiva.

Este capítulo, entonces, prepara una lectura más detallada de las características específicas de los falsos parientes y para las técnicas de evaluación de sinceridad que vendrán en las secciones siguientes.

En última instancia, la finalidad es ofrecer una brújula práctica de cómo distinguir entre afecto genuino y manipulación encubierta, y cómo sostener vínculos que, aun enfrentando tensiones, pueden crecer en autenticidad y responsabilidad compartida.

A MANERA DE CIERRE

Al cerrar este recorrido por las conductas reveladoras, queda claro que la tarea no es simple ni rápida, pero sí necesaria. La autenticidad en las relaciones familiares no es un lujo; es un cimiento para la convivencia y el desarrollo de las futuras generaciones.

Reconocer se traduce en proteger, y proteger, a su vez, en liberar la energía de la familia para construir, cada día, un entorno más honesto y más humano.

Este entendimiento, que nace de la observación paciente y de la decisión valiente de establecer límites cuando es necesario, será el punto de apoyo para las próximas secciones para distinguir entre afecto verdadero e interés disfrazado de manera más nítida, y ofrecer herramientas prácticas para aplicar en el día a día sin perder la empatía ni la dignidad de cada integrante.

CÓMO DISTINGUIR A LOS FALSOS PARIENTES

La tarea de evaluar la sinceridad en las relaciones familiares exige una mirada serena, paciente y constante. No se trata de desmontar a cada persona con la que convivimos ni de construir castillos de sospecha, lo importante es descubrir, con claridad y firmeza, cuáles interacciones sostienen la autenticidad de la convivencia y cuáles, por el contrario, manipulan o instrumentalizan la cercanía para obtener ventajas.

En este contexto, las técnicas y estrategias para evaluar la sinceridad se apoyan en la observación sostenida, en la coherencia entre lo que se dice y lo que se hace, y en la calidad de las respuestas que se dan ante preguntas difíciles. A través de esa mirada, cada uno puede trazar un mapa más fiel de las relaciones, distinguir entre afecto verdadero y intereses disfrazados y, a partir de esa distinción, decidir qué vínculos merecen sostenerse y cuáles requieren límites.

La primera señal a prestar atención es la coherencia entre palabras y acciones a lo largo del tiempo. No basta con un gesto o un comentario oportuno; la clave está en la constancia.

Cuando una persona promete una acción o se compromete con una decisión y luego esa promesa es repetidamente incumplida, o cuando sus relatos cambian según la audiencia, aparecen patrones que alertan sobre posibles motivos que no confluyen con el bienestar de la familia en su conjunto.

Este tipo de inconsistencias suele revelarse, además, en la forma de responder ante cuestionamientos con respuestas que se vuelven evasivas, excusas que se repiten de manera similar ante distintos escenarios o historias que se deshacen cuando se las confronta con evidencia.

En la práctica, observar detenidamente estas retracciones o variaciones puede ayudar a distinguir entre una cercanía que nutre y una que instrumentaliza. La coherencia, por tanto, no es una garantía de bondad, pero sí un indicador sólido para calibrar la autenticidad de la relación en su conjunto.

En segundo plano, la disposición a escuchar y a admitir errores es una frontera crucial. Una señal clave de sinceridad es la apertura a la conversación difícil, la capacidad de escuchar sin interrumpir y la humildad para reconocer cuando uno se equivoca o cuando su relato ha sido incompleto.

En las dinámicas familiares, la resistencia a admitir errores suele ir acompañada de una tendencia a buscar culpables, a desviar la responsabilidad o a presentar las tensiones como si fueran provocadas por otros. Este tipo de comportamiento desvela una forma de control más que un compromiso auténtico con el bienestar compartido.

Por el contrario, cuando una persona demuestra que puede escuchar de forma activa, considerar puntos de vista diferentes y corregir su propio curso cuando recibe nuevas informaciones, se fortalece la base de la relación y se abre espacio para resoluciones más justas y colaborativas.

La presencia de reciprocidad real en las conversaciones — es decir, un intercambio en el que las dos partes comparten, sostienen y acompañan— refuerza aún más la sensación de que la relación funciona sobre principios de respeto y responsabilidad mutua.

La tercera dimensión que permite distinguir entre afecto genuino y interés disfrazado es la reciprocidad real. No basta con que se ofrezca apoyo en momentos de crisis; es necesario que esa ayuda se mantenga de forma sostenida y que exista un equilibrio en el dar y recibir a lo largo del tiempo. En este sentido, la calidad de la conversación juega un papel importante:

- ¿Se comparten emociones y decisiones con un nivel similar de apertura?
- ¿Hay intención de entender al otro más allá de la conveniencia inmediata?
- ¿Las conversaciones sobre temas sensibles se sostienen con cuidado y sin intentar sacar provecho de la vulnerabilidad ajena?

Estas observaciones permiten evaluar si las interacciones fortalecen la relación o si, por el contrario, tienden a convertir la cercanía en un espacio de influencia unilateral.

En las familias, la autenticidad se sostiene cuando las decisiones se toman desde una visión de conjunto, con respeto por las necesidades de todos y con la voluntad de apoyar al otro sin esperar beneficios ocultos.

La cuarta dimensión se relaciona con la prueba de límites y la capacidad de decir no, de tomar distancia cuando es necesario y de exigir condiciones claras no es señal de desconfianza, pero sí de madurez relacional.

En presencia de un verdadero vínculo, el otro entenderá que esos límites son necesarios para la salud emocional de la red familiar y aceptará negociar de buena fe. En cambio, cuando la defensa de límites se percibe como una amenaza o cuando la otra persona responde con presión, culpas o manipulación para forzar una respuesta, ese indicio apunta hacia una relación menos equilibrada y más propensa a la instrumentalización.

> Establecer límites es proteger la integridad de las interacciones, promoviendo un entorno donde cada persona puede expresar sus necesidades sin miedo a represalias o a pérdidas de estatus.

Para practicar estas técnicas, conviene estructurar un conjunto de instrumentos operativos que faciliten la observación y la conversación. Llevar un registro de las interacciones relevantes puede ayudar a detectar patrones repetidos a lo largo del tiempo como qué se ofrece, qué se solicita, cómo se responde ante conflictos, qué ocurre cuando la otra persona escucha, y cuál es la dinámica cuando surgen tensiones.

Las preguntas directas, formuladas con claridad y sin juicios, permiten indagar intenciones y límites sin provocar defensividad excesiva; respuestas consistentes y humildes suelen acompañar la autenticidad, mientras que respuestas cambiantes o evasivas suelen señalar una mayor necesidad de vigilancia.

La comunicación asertiva, basada en expresar necesidades con firmeza pero sin ataques personales, facilita un diálogo más claro y reduce las posibilidades de malentendidos que alimenten la manipulación.

En suma, bahía de herramientas como la observación constante, el registro, la claridad en las preguntas y la comunicación asertiva, para sostener un marco donde la verdad se verifica por hechos y no por insinuaciones.

La paciencia y la práctica son aliadas indispensables; y reconocer señales de sinceridad no es un acto puntual, sin embargo, se trata de un proceso que se afina con el tiempo, la experiencia y la responsabilidad de cuidar a la red familiar.

Este camino exige mirar con realismo las dinámicas que, a veces, se presentan de forma sutil como gestos amables que esconden condiciones, elogios que buscan reconocimiento personal, o gestos de cercanía que se mantienen sólo en determinadas circunstancias.

La habilidad para distinguir entre estas variantes mejora cuando se cultiva una mirada amplia y, al mismo tiempo, una atención minuciosa a los detalles de cada interacción. Así, las personas pueden decidir, con mayor claridad, qué relaciones merecen prioridad, cuáles requieren límites menos flexibles y qué espacios pueden permanecer abiertos para el crecimiento mutuo.

En este marco, la finalidad no es convertir a cada familiar en un sospechoso ni tampoco desarmar la red afectiva ante cualquier señal de interés.

La meta es, por un lado, proteger la salud emocional de la familia y, por otro, fortalecer vínculos que realmente nutren y sostienen. Cuando se reconocen con precisión las señales de sinceridad, se evita ceder ante presiones injustificadas, se minimiza la erosión de la confianza y se facilita un clima de cooperación que permite afrontar desacuerdos con dignidad.

Este enfoque, que parte de la observación y se apoya en la conversación abierta y el respeto por los límites, prepara el terreno para las próximas secciones que ampliarán el repertorio con ejemplos prácticos y herramientas específicas para la evaluación de la sinceridad y la distinción entre afecto auténtico y interés disfrazado.

La reflexión final sobre estas técnicas invita a entender que la habilidad para evaluar la sinceridad en los vínculos familiares no es un fin en sí mismo, es un medio para sostener una convivencia más humana y responsable. Cuando las personas aprenden a discernir entre lo que nutre y lo que instrumentaliza, la familia emerge como espacio de crecimiento mutuo y seguridad emocional.

Esto no implica blindarse ante la posibilidad de conflicto, lo ideal es aprender a gestionar las tensiones con claridad y con un compromiso continuo con la verdad y la responsabilidad compartida.

En ese marco, cada interacción se transforma en una oportunidad para fortalecer la confianza, afianzar la empatía y, al mismo tiempo, proteger la dignidad de todos los involucrados.

Si se mantiene esa orientación, las dinámicas familiares pueden evolucionar hacia una red más auténtica, menos susceptible a la manipulación y más capaz de sostener a las nuevas generaciones en un entorno de respeto y apoyo recíproco.

La distinción entre parientes verdaderos y falsos no se logra con una intuición aislada, se consigue con un conjunto de instrumentos prácticos que permiten leer las dinámicas bajo la superficie de las relaciones familiares.

Este capítulo se propone describir, con claridad y sin sensacionalismos, las herramientas para distinguir entre afecto genuino e interés disfrazado, y para hacerlo, se apoya en dos ejes fundamentales: la observación de patrones y la calidad de la comunicación.

Estos instrumentos se enlazan con las ideas centrales del libro de proteger la salud emocional de la red familiar, fortalecer vínculos auténticos y navegar con inteligencia las tensiones que pueden surgir cuando la cercanía se cruza con la instrumentalización.

La finalidad no es demonizar a nadie ni convertir la familia en un laboratorio de desconfianza, el objetivo es dotar a cada lector de criterios operativos para decidir, con base en hechos repetibles y en una conversación honesta, dónde vale la pena invertir energía y dónde conviene establecer límites.

En primer lugar, la observación de patrones repetidos se erige como la piedra angular de esta lectura. Un falso pariente suele trabajar con microseñales que, en conjunto, revelan un objetivo subyacente y su propia utilidad o influencia dentro de la red familiar.

Entre estos indicios se cuentan favores condicionados, en los que la ayuda llega solo si se satisface una reciprocidad que favorece al otro; elogios que aparecen de manera selectiva para ganar favores o para reforzar un relato que beneficia a esa persona; y una recurrencia de conflictos donde, a primera vista, no existiría un conflicto real, o bien se muestra una escalada de tensiones que parece desviar la atención de asuntos verdaderamente relevantes.

Estos signos no deben interpretarse de manera aislada, se deben analizar como piezas de un mosaico que, al observarse en contextos diferentes, revela una tendencia de la influencia sutil que busca regular decisiones, recursos o vínculos. La lectura de estos patrones debe hacerse con paciencia y con la voluntad de distinguir entre lo que nutre y lo que instrumentaliza.

La repetición no es casualidad, es una señal de que hay un engranaje detrás de las acciones y ese engranaje puede ser entendido y gestionado si se capta con claridad. Junto a la observación de patrones, la escucha activa aparece como complemento imprescindible de la lectura de la situación.

Escuchar no se limita a oír palabras; implica captar intenciones, tensiones no expresadas y posibles inconsistencias entre lo que se dice y lo que se hace. La escucha activa se ponen a prueba al tratar temas sensibles o de conflicto, al parafrasear lo escuchado y al hacer preguntas abiertas, se puede verificar si la persona está dispuesta a confrontar con honestidad o si tiende a desviar, justificar o culpar a otros ante las tensiones.

La reciprocidad real es una señal crucial de cuando alguien comparte y apoya en un mismo tono y con la misma apertura tanto contigo como en presencia de terceros, la relación tiende a sostenerse en un equilibrio auténtico.

En cambio, si la persona ofrece apoyo o comentarios solo en determinados contextos, o si evita conversaciones difíciles, la señal es de alerta. La escucha activa también implica observar cómo la otra persona maneja temas emocionales:

- ¿Admite errores y corrige su relato cuando se le muestran inconsistencias?,
- ¿Evita culpar a otros y asume responsabilidad cuando corresponde?

Estas respuestas proporcionan una lectura más precisa que cualquier análisis superficial. La claridad de la comunicación, por su parte, es el tercer pilar. La comunicación asertiva, que expresa necesidades, límites y expectativas sin ataques personales, facilita distinguir entre afecto y interés utilitario. Cuando una persona se comunica con claridad, se observa una coherencia entre lo que dice y lo que hace a lo largo del tiempo, y se percibe que se utiliza un lenguaje que evita ambigüedades para ganar tiempo o manipular a otros.

Expresar límites de forma directa y respetuosa es una práctica que, más allá de precisar la frontera, envía una señal de que las relaciones se rigen por normas claras. Pedir aclaraciones cuando surgen inconsistencias y validar las propias percepciones con ejemplos concretos ayuda a evitar interpretaciones erróneas y a sostener un diálogo productivo.

En casos de tensiones, la comunicación asertiva no busca ganar una discusión, pero sí abrir caminos para una resolución real y para una comprensión compartida de lo que cada quien necesita y espera.

Mantener un registro de interacciones emerge como una herramienta práctica y cotidiana. Este registro no es una crónica de monitoreo paranoico, sin embargo, hace referencia a un mapa de comportamientos observables sobre qué se ofrece, qué se solicita, qué ocurre cuando hay conflicto y cómo responde la otra persona cuando escucha.

Un registro permite ver patrones a lo largo del tiempo y detectar cambios sutiles que no se aprecian en una sola conversación; y este método también favorece la claridad de la propia memoria frente a narrativas tardías o sesgadas.

La combinación de observación, escucha y registro forma un trípode que orienta las decisiones, es decir, si la relación se sostiene en estos tres ejes, la autenticidad se fortalece; si falla alguno de ellos, la prudencia recomienda revisar la intensidad de la vinculación.

La aplicación de estos instrumentos se apoya en ejercicios simples y habituales en la vida cotidiana. Por ejemplo, cuando se presenten decisiones importantes, es útil formular preguntas directas sobre intenciones y límites: "¿Qué esperas de mi apoyo en este tema?" o "¿Cómo podría ayudarte sin que esto te genere una expectativa indebida?".

Las respuestas deben ser examinadas con cuidado, buscando consistencia entre palabras y acciones, y evaluando si la persona está dispuesta a ajustar su comportamiento cuando es necesario.

La humildad ante errores y la voluntad de cambiar son indicadores valiosos de autenticidad, mientras que la tendencia a culpar a otros o a revertir la responsabilidad son señales de alerta. Estos criterios, aplicados con paciencia, permiten distinguir entre vínculos que fortalecen y aquellos que buscan explotar una situación para beneficio propio.

Un aspecto práctico de gran valor es evaluar el apoyo en momentos difíciles, y las personas auténticas demuestran presencia durante las crisis, manteniendo la confianza y evitando complicidades que sólo beneficien a una parte.

Por el contrario, cuando el apoyo aparece condicionado por intereses o se reduce a gestos exteriores sin una base de continuidad, es razonable replantear el peso de esa relación en la red familiar.

Este examen no debe conducir a una conclusión automática de que toda cercanía es peligroso; se trata de entender qué tipo de apoyo se ofrece, cuándo y con qué consistencia, para decidir si la relación se mantiene como punto de sostén o si conviene distanciarse para proteger el bienestar emocional de todos.

Los instrumentos descritos no son recetas rígidas ni pruebas para etiquetar a alguien de inmediato, son lentes para percibir con mayor precisión lo que nutre y lo que desvia el cuidado mutuo.

La práctica de la observación, la conversación franca y el pequeño registro de interacciones se convierten en hábitos que fortalecen la autonomía emocional de cada miembro y la calidad del tejido afectivo familiar.

Este énfasis en la claridad estratégica no busca sembrar desconfianza, espera ofrecer un marco que permita a cada persona tomar decisiones informadas y responsables, especialmente frente a dinámicas complejas que, si se dejan sin atención, tienden a erosionar la confianza y la armonía presentes.

En términos de aplicación cotidiana, estos instrumentos deben integrarse a un estilo de relación que prioriza la honestidad, el respeto y el cuidado mutuo, porque no se trata de rechazar a la familia ni de convertir a la convivencia en un terreno árido; se trata de construir vínculos que sostengan y nutran, incluso cuando la conversación exige límites firmes o cuando es necesario requerir apoyo externo para gestionar tensiones.

Las herramientas aquí descritas permiten a quien las practica moverse con más seguridad ante situaciones ambiguas, distinguir entre afecto que fortalece y favor que instrumentaliza y, sobre todo, sostener una red de vínculos que, con el tiempo, se revela más auténtica y resiliente.

A MANERA DE CIERRE

Para cerrar, es valioso recordar que la lectura de estas herramientas no debe hacerse de forma aislada, se deben integrar a un segundo plano de conciencia emocional; es decir, la intuición personal, alimentada por experiencias, límites sanos y un compromiso con el bienestar de la familia.

La intuición, cuando se apoya en evidencia observable y en una comunicación clara, se convierte en una guía poderosa para navegar entre la cercanía que nutre y la cercanía que manipula.

Este conjunto de instrumentos pretende, en definitiva, dotar al lector de una forma de mirar que protege el tejido afectivo sin renunciar a la humanidad de las relaciones. Si se practica con regularidad, la observación, la escucha y la comunicación asertiva transforman la interacción diaria en un laboratorio de convivencia más auténtica, donde las diferencias pueden coexistir con respeto, y donde el amor familiar tiene la firmeza necesaria para sostenerse a lo largo del tiempo.

CASOS REALES DE FALSOS PARIENTES

Este capítulo se adentra en relatos y ejemplos que, lejos de ser meras anécdotas, funcionan como espejos de la dinámica de falsos parientes en la vida cotidiana de las familias. No se trata de buscar culpables en cada historia, se debe observar con atención las señales que, con el tiempo, revelan una orientación de intereses que no siempre coincide con el bienestar de la red familiar.

En estas narrativas, la cercanía no garantiza honestidad; la proximidad puede emplearse como escenario para elogios cuidadosamente calibrados, favores condicionados o gestos de apoyo que, en el fondo, buscan ganar influencia, poder o recursos. A partir de esas experiencias, es posible identificar patrones que, repetidos en distintos contextos, permiten a cada miembro de la familia diferenciar entre afectos auténticos y estrategias de instrumentalización.

El hilo común es leer más allá de las apariencias, escuchar lo que no se dice y proteger la integridad de la red cercana, incluso cuando el precio emocional sea alto.

Uno de los relatos más habituales refleja la presencia de una figura familiar que, en público, ofrece palabras amables y conspiraciones veladas en segundo plano. Una tía o un primo que se presenta como apoyo incondicional, que celebra cada logro en presencia de todos y, sin embargo, sugiere o condiciona la ayuda inmediata ante ciertas demandas.

En estas historias, la reciprocidad no es equitativa, pero la presencia constante llega para capturar favores o para recomponer la imagen de quien habla; sin embargo, la cantidad de recursos que se entrega o que se espera recibir está desbalanceada.

El aprendizaje que emerge de este patrón es la necesidad de distinguir entre un acompañamiento que nutre y un acompañamiento que, en realidad, exige deuda emocional. Cuando el gesto de cercanía viene acompañado de condiciones veladas, es razonable preguntarse quién está ganando y a qué costo para los demás.

Este tipo de relato invita a observar si la promesa de apoyo se mantiene en situaciones complejas o si, por el contrario, se diluye ante decisiones que demandan responsabilidad compartida.

Otro relato recurrente se centra en la figura del consejero que llega con críticas disfrazadas de consejos. En el relato, una persona cercana insiste en fijar criterios o juicios para cada dilema familiar, presentando sus opiniones como una guía necesaria para proteger el bien común.

Detrás de esa fachada de utilidad, suele haber una agenda que favorece a quien habla, la crítica constante puede funcionar como una herramienta de control, una forma sutil de desviar la atención de sus propias errores o de sus intereses particulares.

A lo largo del tiempo, estas intervenciones generan un clima en el que las decisiones importantes se dilatan, se distorsionan o se posponen para no enfrentar una realidad que podría cuestionar la autoridad percibida.

En estas historias, la verdadera prueba es la consistencia entre palabras y acciones, ya que cuando la crítica se acompaña de una disposición a corregir sus propios posicionamientos, el gesto adquiere un rasgo de autenticidad; cuando, sin embargo, la crítica se mantiene como una constante sin responsabilidad recíproca, se revela una dinámica instrumental.

Un tercer relato útil para entender el fenómeno describe la manipulación emocional mediante la culpa, y en estas situaciones, una persona que forma parte del núcleo cercano recurre a la culpa como una palanca para mover decisiones o para descalificar las respuestas de otros.

El mecanismo es sutil porque se hace creer que distanciarse o cuestionar ciertas conductas equivale a traicionar a un familiar, cuando lo que está en juego es la libertad de cada quien para fijar límites y cuidar su propio bienestar.

Este tipo de narrativa subraya la diferencia entre responsabilidad compartida y generar presión para mantener un *status quo* que beneficia a quien impone las reglas.

La lección es clara y la culpa no debe convertirse en moneda corriente para negociar comportamientos o para silenciar críticas legítimas; la autonomía emocional de cada persona necesita ser respetada, incluso cuando el costo sea distanciarse de una influencia que ya no nutre.

Existe, además, la categoría de relatos que muestran la promoción de alianzas discretas para conservar o ampliar la influencia familiar.

En estas historias, ciertos lazos se fortalecen por su habilidad para sumar aliados, ganar visibilidad o consolidar un linaje de poder.

Los acuerdos que se dibujan suelen presentar una apariencia de armonía, pero se basan en una geometría de favores y promesas que dependen de la presencia o del riesgo de perder ventajas.

En esas narrativas, las críticas a los rivales suelen presentarse como preocupación por el bien común, cuando, en la práctica, lo que se busca es construir una red de apoyo que sostenga la posición de quien coordina esos acuerdos.

La enseñanza que emergen es la necesidad de vigilar las dinámicas de influencia y de preguntarse si la coherencia entre lo que se dice y lo que se hace se mantiene cuando cambia el contexto o cuando aumentan las tentaciones de obtener beneficios.

Cada relato, por sí solo, no basta para diagnosticar la presencia de falsos parientes, sin embargo, juntos señalan un mapa de señales que conviene recordar.

Favores condicionados que dejan una deuda constante, elogios que se vuelven moneda de cambio, críticas que suenan útiles pero que en realidad orientan la atención hacia una versión particular de la realidad, y una disponibilidad que aparece selectiva cuando se trata de temas que benefician a quien habla.

Estas son las microseñas que, cuando se repiten en diferentes escenarios, permiten a cualquier persona convertir la sospecha en una observación más precisa y menos emocional.

> La clave está en las prácticas de lectura de la red afectiva sobre registrar lo que se ofrece y lo que se solicita, observar qué ocurre cuando hay conflicto y analizar cómo responde la otra persona cuando se la escucha sin interrupciones ni juicios previos.

Esa observación cuidadosa se convierte en una herramienta de claridad, que ayuda a decidir con qué vínculos seguir invirtiendo y con cuáles es más prudente reducir la exposición.

La lectura de estos relatos no busca señalar a todos los que expresan afecto como potenciales manipuladores. Al contrario, invita a distinguir entre la forma de expresar apoyo y la sustancia de la acción.

Cuando la proximidad se mantiene estable pese a la exigencia de límites, cuando la reciprocidad se materializa en gestos y palabras que resisten la prueba del tiempo, cuando las decisiones se toman con responsabilidad compartida y con apertura a corregir errores, se confirma la autenticidad de ese vínculo.

En cambio, cuando la cercanía se utiliza para reforzar una posición de control, cuando las promesas se vuelven normas sin cumplimiento, cuando la culpa funciona como mecanismo de presión para obtener favores, el lector puede reconocer que está ante una dinámica que, tarde o temprano, desgasta y distorsiona la experiencia familiar.

Este capítulo, al presentar estos relatos y sus lecciones, pretende equipar al lector con una mirada más rigurosa para leer las relaciones cercanas. No se trata de demonizar a nadie, lo ideal es construir una base de lectura que permita distinguir entre afecto genuino y interés disfarzado.

Esta distinción es fundamental para proteger la cohesión emocional de la familia y para aprender a poner límites cuando sea necesario, sin perder la humanidad que caracteriza a las relaciones familiares.

Las historias aquí reunidas preparan el terreno para las secciones siguientes, en las que se explorarán características específicas de los falsos parientes y las técnicas de evaluación de sinceridad que facilitan la toma de decisiones en la vida cotidiana.

Al comprender las fuentes de tensión, cada lector podrá identificar, con mayor claridad y serenidad, qué vínculos nutren y cuáles, por muy cercanos que parezcan, requieren una revisión de su lugar en la red afectiva.

La lectura de casos reales en este tramo del libro revela, con mayor claridad, que cualquier teoría abstracta y las decisiones que las personas toman cuando la presión de mantener una imagen de armonía familiar se cruza con la realidad de intereses disimulados.

En esas narrativas, la proximidad no garantiza honestidad; hay quienes prometen apoyo, facilitan favores o elogian con discreción mientras persiguen objetivos que, en el fondo, favorecen a una parte y no al conjunto.

Este patrón no busca demonizar a nadie, pero sí exponer una realidad que a veces se oculta tras la conversación agradable, las visitas cálidas y las palabras amables. Comprender estas dinámicas exige una lectura atenta de lo que ocurre entre líneas como qué se dice, qué se evita decir, qué se demuestra frente a ciertos temas y qué se oculta cuando el tema se convierte en fuente de poder o influencia.

Al analizar estas historias, emergen decisiones que definen resultados y resguardan o erosionan la salud emocional de la red familiar.

Una de las decisiones más visibles es ceder ante presiones para mantener la armonía aparente, y en estas ocasiones, la persona opta por no confrontar, por suavizar o incluso silenciar verdades incómodas para evitar confrontaciones que podrían desatar un conflicto mayor.

Este tipo de elección, motivada por el deseo de evitar dolor inmediato, suele generar un costo acumulativo, ya que la verdad se pospone, las tensiones se acumulan y, con el tiempo, el desequilibrio entre lo dicho y lo hecho se hace más notorio.

En el mejor de los escenarios, se gana momentáneamente una atmósfera de tolerancia, pero a costa de necesitar un mayor esfuerzo para sostener esa fachada cuando nuevas tensiones aparecen.

Otra vía frecuente es priorizar la lealtad familiar por encima de la verdad, especialmente ante decisiones que involucren recursos o reputación. En estas circunstancias, la familia se enreda en un relato que favorece la cohesión externa, presentando una unidad que parece sólida ante ojos ajenos, pero que oculta divisiones internas.

La dicotomía entre sostener el relato compartido y asumir la verdad puede generar culpa y confusión; porque la culpa, lejos de ser un mero sentimiento, funciona a veces como una herramienta de control y se utiliza para justificar confidencias no recíprocas o para deslegitimar dudas que cuestionen la narrativa dominante.

Este camino puede sembrar resentimiento entre quienes perciben que la realidad está siendo sacrificada para mantener una imagen de unidad, y entre quienes entienden que la honestidad es el cimiento de vínculos duraderos.

Por último, existen decisiones orientadas a recortar vínculos para proteger el propio bienestar, porque cuando el costo emocional de sostener una relación con un supuesto pariente resulta demasiado alto—por manipulación constante, por chantaje emocional o por una erosión sostenida de la confianza—la salida puede ser el distanciamiento.

Este es un movimiento de defensa que, si bien puede traer alivio inmediato, también implica duelo en la pérdida de una figura que, por la historia compartida, alternaba entre cercanía y frialdad, entre apoyo ocasional y presión instrumental.

El proceso de distanciamiento no es cruel por defecto, sin embargo, es estratégico y busca preservar la propia integridad y la de quienes están a nuestro alrededor, especialmente cuando el daño parece repetirse o multiplicarse con el tiempo.

En estos casos, la claridad llega a menudo tarde para algunas personas, cuando ya se han dejado entrar dinámicas tóxicas o cuando la memoria de promesas incumplidas pesa en el ánimo de las reuniones futuras.

Estas decisiones no ocurren en vacío, están acompañadas por una constelación de señales que, observadas con paciencia, permiten anticipar resultados y decidir con mayor serenidad dónde invertir energía y límites.

La lectura de estas historias enseña que la autenticidad no es una ornamenta, es una condición para sostener relaciones que nutren, incluso en medio de tensiones. Cuando una relación se sostiene en la verdad, esa verdad impone límites que permiten que el vínculo siga siendo un espacio de crecimiento mutuo y de responsabilidad compartida.

En cambio, cuando el peso de la instrumentalización se impone, las conversaciones pierden su honestidad y la convivencia puede degradarse con cada decisión que prioriza un beneficio particular sobre el bien común.

Un aprendizaje clave que se desprende de estas reflexiones es que la autenticidad es una necesidad sostenible en la convivencia familiar, y no un lujo.

Las decisiones que protegen la integridad del tejido afectivo, incluso si implican decir no, distanciarse o replantear acuerdos, tienden a sostenerse mejor frente a las tensiones del tiempo.

Las relaciones que envejecen con dignidad son aquellas en las que la claridad de intenciones acompaña la repetición de acciones coherentes, la capacidad de disculparse cuando corresponde y la voluntad de ajustar comportamientos ante evidencias de que algo no está funcionando.

En ese sentido, la distancia prudente puede convertirse en una estrategia de cuidado, no en un castigo, y la confrontación respetuosa de las diferencias, en un acto de responsabilidad que fortalece la confianza a largo plazo.

La lectura de estos casos también pone en evidencia una dimensión central para la vida familiar, específicamente en la necesidad de distinguir entre afecto legítimo y utilitarismo. A veces, los gestos de cercanía se presentan como reconocimiento y apoyo, pero ocultan un cálculo de beneficios que no se alinea con el bienestar de todos.

Reconocer estas señales requiere una práctica constante de observación, escucha y diálogo, sin caer en la sospecha constante ni en la desconfianza indiscriminada.

Se trata de desarrollar criterios operativos que permitan leer la realidad con honestidad y sin recurrir a juicios simplistas. Aunque suena exigente, se ofrecen herramientas para sostener vínculos sanos y para evitar que las tensiones de la vida familiar se conviertan en un lastre que impida a las futuras generaciones experimentar relaciones basadas en la confianza y el respeto.

En este capítulo, la revisión de decisiones y consecuencias se propone como un antecedente práctico para las etapas siguientes del libro. Se busca que el lector internalice la idea de que los vínculos se fortalecen por una red de comportamientos coherentes, de responsabilidad compartida y de límites claros, no lo hacen por la mera presencia física ni por la promesa de apoyo.

La autenticidad emerge así como una habilidad que se cultiva en la interacción diaria, al escuchar con intención, exigir claridad cuando hay ambigüedades, expresar necesidades sin atacar y, sobre todo, mantener la voluntad de ajustar el rumbo cuando la evidencia lo demande.

Esta capacidad de lectura, de diagnóstico suave y de acción responsable es la que permitirá, en las páginas siguientes, abordar con mayor operatividad las características específicas de los falsos parientes y las técnicas prácticas para evaluar sinceridad, para establecer límites y para proteger el bienestar emocional de la familia sin renunciar a la empatía y al cuidado que definen a una familia genuina.

A MANERA DE CIERRE

Con todo, el cierre de la reflexión en este tramo apunta hacia una idea fundamental, y es que la convivencia familiar pide un compromiso con la verdad que supere la tentación de acomodar la realidad a una narrativa cómoda.

La integridad de los vínculos se sostiene cuando cada miembro es capaz de discernir, dentro de la complejidad de las relaciones, qué aporta crecimiento y qué genera desgaste.

Si la lectura de estas historias despierta en cada quien la conciencia de que ciertos patrones deben ser enfrentados y manejados con límites humanos, entonces el aprendizaje de este capítulo se habrá cumplido.

No se trata de estigmatizar a nadie, lo ideal es proteger una red de afectos que merece ser cuidada con valentía, paciencia y una claridad que permita, día a día, construir una familia más auténtica, más justa y más capaz de sostener a sus integrantes a lo largo del tiempo.

A partir de estas consideraciones, el capítulo invita a la siguiente etapa de comprender en detalle las características específicas de los falsos parientes y aprender a distinguir entre afecto verdadero e interés disfrazado mediante herramientas de evaluación de sinceridad, prácticas de comunicación y límites bien delineados.

Con lectura atenta, diálogo abierto y decisiones responsables, es posible fortalecer la confianza y proteger el bienestar emocional de la familia, incluso cuando las tensiones externas amenacen con fracturarla.

Este es el camino hacia vínculos que, pese a las pruebas, se sostienen con honestidad y se enriquecen con la responsabilidad compartida de cuidar a las nuevas generaciones.

LA IMPORTANCIA DE LA CONFIANZA Y LA INTUICIÓN

La intuición no es un don aislado ni un destello místico, es el resultado de una práctica constante de atención plena y observación de las dinámicas que marcan las relaciones familiares. Comprender de manera operativa cómo desarrollar y confiar en la intuición permite convertir esa lectura en una guía para decisiones más conscientes y responsables, que fortalecen la red afectiva en lugar de desgastarla.

La intuición, entendida así, emerge cuando la mente se mantiene presente en el momento, cuando se registran impresiones iniciales y se ponen a prueba con una conversación directa y respetuosa. No pretende sustituir la evidencia, la orienta y se alimenta de experiencias repetidas, de la coherencia entre lo que se dice y lo que se hace, y de la capacidad de admitir errores y ajustar el curso cuando la realidad contradice una primera impresión.

Para cultivar esa clase de intuición es útil empezar por la presencia, es decir, detenerse en medio de una interacción, tomar una respiración profunda y tratar de notar qué sensaciones surgen sin apresurarse a interpretar.

En la práctica, eso significa registrar, incluso de forma breve, las señales que se perciben: un tono de voz que se vuelve más cortante, una sonrisa que no acompaña a la acción posterior, un silencio que se instala cuando aparecen temas sensibles.

Estas señales, observadas de forma repetida a lo largo del tiempo, comienzan a tejer un mapa interno que facilita discernir entre cercanía que nutre y cercanía que instrumentaliza. En este mapa, la intuición no es una sentencia definitiva, sin embargo, se refleja como una bandera que indica la necesidad de indagar con mayor claridad y honestidad.

Una segunda dimensión clave es la prueba de las impresiones iniciales a través de preguntas simples y conversaciones abiertas. Esto no implica desconfianza ciega, es una forma de confirmar o refutar hipótesis que surgen de la observación.

Por ejemplo, cuando surge una preocupación sobre una ayuda ofrecida "en nombre de la familia", puede hacerse una pregunta directa sobre el alcance real de esa ayuda, las condiciones asociadas o los posibles beneficios para la otra persona.

La forma en que se responde, la consistencia entre lo dicho y lo hecho, y la rapidez con que se corrigen errores o se aclaran malentendidos suelen proporcionar datos valiosos. La intención no es confrontar, la idea es iluminar la realidad detrás de las palabras.

Es útil, además, distinguir entre intuición emocional y evaluación racional. La emoción puede señalar zonas sensibles como un recelo, una incomodidad, una inquietud que se repite cada vez que se interactúa con cierta persona.

La evaluación racional, por su parte, examina hechos concretos como coincidencias entre palabras y acciones, consistencia a lo largo del tiempo, la calidad de la reciprocidad y la facilidad o dificultad para sostener conversaciones difíciles sin que se aproveche la vulnerabilidad ajena.

La combinación de ambas perspectivas, cuando se practica con honestidad, suele traducirse en decisiones más seguras y en un marco emocional que protege a la familia sin caer en un cinismo paralizante.

La escucha activa juega un papel central en el fortalecimiento de la intuición.

Escuchar con intención implica ponernos en el lugar del otro, pero sin perder la capacidad de escuchar nuestra propia experiencia. Significa permitir que la otra persona explique sus motivaciones, incluso cuando resultan incómodas, y al mismo tiempo estar atentos a señales que indiquen una discrepancia entre lo que se dice y lo que se hace.

Practicar la escucha activa también implica hacer preguntas que clarifiquen límites y expectativas. Por ejemplo, cuando alguien propone un acuerdo o un arreglo, preguntar sobre plazos, responsabilidades y posibles costos emocionales ayuda a despojarse de la fantasía de una cooperación desinteresada y a acercarse a la realidad de la relación.

El desarrollo de la intuición se fortalece con la acumulación de experiencia en contextos diversos dentro de la familia. No se trata de coleccionar eventos aislados como si fueran pruebas concluyentes, se deben observar tendencias y patrones que se repiten como qué temas suelen disparar control, qué gestos acompañan a promesas incumplidas, cuándo la persona está presente y cuándo desaparece sin explicación ante momentos de vulnerabilidad.

Esta lectura, realizada con paciencia, se transforma con el tiempo en un marco de seguridad emocional que permite a cada miembro decidir con mayor claridad dónde invertir energía y límites.

Es un proceso que exige humildad y reconocer que la intuición puede fallar, que no siempre se acertará en la primera lectura, y que la verdad puede requerir varias capas de conversación y revisión.

Un elemento práctico para fortalecer la intuición es la construcción de un mapa de señales. Este mapa no es una lista rígida de reglas, es una guía flexible que señala qué comportamientos suelen asociarse a intereses y qué comportamientos tienden a reflejar apoyo auténtico.

Mantener un registro breve de interacciones relevantes ayuda a detectar patrones a lo largo del tiempo. Por ejemplo, identificar que ciertos favores vienen acompañados de exigencias o que una crítica aparece siempre en el mismo contexto puede ayudar a contextualizar una intuición inicial.

Este mapa debe convivir con la práctica de límites claros y con la capacidad de distanciamiento cuando sea necesario, de modo que la intuición no se convierta en una excusa para evitar el compromiso emocional, sin embargo, este hace referencia a una herramienta que sirve para sostener vínculos sanos y responsables.

En la práctica cotidiana, la intuición también se nutre de una ética de cuidado porque la decisión de actuar con honestidad y de fomentar un clima de confianza no implica desconfianza constante, sino la voluntad de dialogar con empatía y claridad.

Cuando la intuición señala una posible manipulación, la respuesta adecuada no es la denuncia apresurada, lo ideal sería la apertura de un diálogo estructurado para expresar preocupaciones concretas, pedir ejemplos verificables y proponer condiciones para sostener la relación.

Este enfoque refuerza la confianza porque demuestra que se valora la verdad y se respeta la autonomía emocional de cada persona dentro de la familia.

Imagina a una hermana que ofrece apoyo financiero para una necesidad puntual, pero siempre condiciona la ayuda a la aceptación de ciertas decisiones que ella propone en beneficio de su propio grupo de influencia. Al observar este patrón, la intuición podría indicar la necesidad de clarificar las condiciones y de medir la reciprocidad real.

En lugar de reaccionar con enojo, se puede iniciar una conversación focalizada y preguntar qué pretende exactamente con ese apoyo, qué ocurrirá si las circunstancias cambian y qué otros recursos existen para resolver la necesidad sin depender de esa ayuda. Las respuestas y la consistencia de las acciones en las semanas siguientes serán la prueba clave para decidir si vale la pena mantener la relación con límites firmes o si conviene distanciarse para proteger el bienestar emocional de todos.

Este tipo de ejercicios prácticos fortalece la intuición y la capacidad de actuar con responsabilidad en momentos de tensión.

La confianza en la intuición, para ser útil, debe coexistir con una ética de responsabilidad compartida. No se trata de convertir la intuición en una autoridad única que reemplaza el razonamiento, es convertirla en un complemento que guía las decisiones hacia vínculos que sostienen, respetan y nutren.

Con el paso del tiempo, esa forma de leer las dinámicas familiares facilita una convivencia más madura porque se reconoce la autenticidad de los afectos, se distinguen los gestos que buscan poder de aquellos que buscan cuidado, y se construye un marco en el que la verdad, la empatía y los límites claros permiten que la familia crezca sin perder la humanidad que la caracteriza.

Al final, la intuición se transforma en una aliada que facilita el discernimiento diario, desde la conversación trivial hasta las decisiones más significativas que sostienen el bienestar de la red emocional.

En síntesis, desarrollar y confiar en la intuición es un desarrollo humano estrechamente ligado a la claridad, la observación paciente y la voluntad de conversar con honestidad.

Es una práctica que se enriquece a medida que se fortalecen la atención plena, la lectura de señales sutiles y la responsabilidad compartida.

Este enfoque prepara el terreno para las próximas secciones del libro, donde se explorarán estrategias para fortalecer la confianza en relaciones genuinas y convertir la intuición en un instrumento práctico para construir vínculos más sanos, resguardar el bienestar emocional y educar a las futuras generaciones en un modelo de convivencia basado en la verdad, el respeto y la compasión.

> La confianza en las relaciones genuinas es un proceso continuo que se alimenta de la claridad, la consistencia y la capacidad de sostenerse ante las tensiones propias de cualquier vida familiar.

En este capítulo nos proponemos entregar herramientas prácticas para fortalecer ese tejido que permite sentir seguridad, pertenencia y autonomía al mismo tiempo.

La confianza no se construye solo con promesas bonitas; se funda en la experiencia repetida de que las palabras y las acciones convergen, en la apertura para decir lo que duele o preocupa sin temor a ser juzgado, y en la voluntad de sostenerse mutuamente incluso cuando la verdad exige confrontar diferencias.

Este marco de trabajo se nutre de la intuición cuando se integra con una evaluación razonada, porque, como veremos, la intuición se afina mejor cuando hay evidencia empírica de comportamientos consistentes a lo largo del tiempo.

Una de las claves para fortalecer la confianza es cultivar una comunicación abierta y sin juicios prematuros; esto implica crear espacios en los que cada interlocutor pueda expresar temores, esperanzas y desacuerdos sin miedo a ser descartado o reducido a un estereotipo.

La apertura no significa desnudar todas las debilidades de golpe, es practicar la escucha activa y escuchar para entender, no para preparar una respuesta defensiva. En la práctica, esto se traduce en preguntas que invitan a la clarificación y en respuestas que buscan reconstruir puentes en lugar de cerrar conversaciones.

Cuando las personas sienten que su experiencia es tomada en serio y que las palabras se corresponden con las acciones, la confianza se consolida como un recurso compartido, ya que no es la ausencia de conflicto, sino la gestión responsable de las diferencias.

El reconocimiento de límites claros es otro pilar fundamental, porque la confianza madura cuando cada miembro de la familia sabe qué temas requieren un cuidado especial y cuáles pueden discutirse con mayor libertad.

Este reconocimiento no es una muralla rígida, es un marco que protege la dignidad de todos y evita que las tensiones se contaminen con resentimientos acumulados. Comunicar límites con claridad, de forma empática y específica, evita malentendidos y reduce la probabilidad de que comportamientos ambiguos sean interpretados como gestos de apoyo.

Cuando se establecen límites, se facilita la conversación honesta, y las personas ya no tienen que adivinar si una acción es un gesto de cercanía o un condicionamiento velado. En ese equilibrio entre sinceridad y cortesía reside gran parte de la fortaleza de los lazos familiares.

La sinceridad constructiva es otra herramienta poderosa porque no se trata de convertir cada conversación en un examen exhaustivo de culpabilidades, se quieren expresar necesidades y preocupaciones desde el propio sentir y desde la observación de hechos observables.

Practicar la sinceridad constructiva significa evitar reproches generalizados y centrarse en comportamientos concretos, como qué fue lo que se dijo, qué se esperó y cuál fue el resultado.

Este enfoque reduce la carga emocional que suele acompañar a la crítica y favorece la cooperación para hallar soluciones prácticas. Cuando la gente percibe que la intención es acompañar, no herir ni ganar ventaja, la conversación puede volverse un terreno fértil para acuerdos que beneficien a la red familiar en su conjunto.

La reciprocidad real, por su parte, es un termómetro de la autenticidad en las relaciones. Implica que el apoyo y la disposición para escuchar y acompañar no dependan de un único gesto o de una circunstancia favorable, lo ideal es que estén presentes de forma consistente a lo largo del tiempo y en diferentes contextos.

Este principio no exige igualdad perfecta en cada interacción, pero sí una economía emocional suficientemente equilibrada para que nadie se sienta utilizado o invisible.

Celebrar los avances, por pequeños que sean, fortalece esa dinámica de cooperación y promueve la motivación para continuar invirtiendo tiempo y esfuerzo de manera responsable. A la larga, la red se sostiene gracias a la confianza que emerge cuando los actos de cuidado se repiten y se vuelven previsibles.

La diversidad de fuentes de apoyo es otro ingrediente esencial para una confianza sostenible. Cuando las personas se apoyan en una red amplia y confiable—amigos, mentores, profesionales, otros familiares que demuestran integridad—no dependen de una única relación para su equilibrio emocional.

Esa diversidad reduce la vulnerabilidad ante posibles tensiones en una relación específica y amplía las vías de crecimiento personal y colectivo. No se trata de convertir a todos en confidentes, el objetivo es construir una red de confianza que permita sostenerse en momentos de crisis, de cambio o de duda.

Es en este sentido, en el que la familia aprende a valorar la intimidad de vínculos cercanos y la fortaleza que aporta un conjunto de relaciones que comparten principios de honestidad, responsabilidad y apoyo mutuo.

La gestión de conflictos con diálogo directo, sin caer en la confrontación destructiva, es una práctica que refuerza la confianza.

Las diferencias son inevitables; lo crucial es la manera en que se abordan. Se recomiendan espacios de conversación estructurados donde cada quien pueda expresar su versión de los hechos, acompañada de ejemplos concretos y de una escucha que priorice la comprensión por encima de la victoria.

Este enfoque evita que los conflictos se conviertan en batallas de poder que desgastan la red afectiva y erosionan la confianza. A la vez, la posibilidad de pedir disculpas y de corregir errores ante la evidencia de la experiencia genera un clima de seguridad que invita a seguir invirtiendo en la relación.

La humildad y la responsabilidad personal son cualidades que fortalecen la confianza de manera sostenible. Reconocer errores propios, admitir cuando se ha fallado y asumir compromisos concretos para corregir rutas es fundamental.

Este tipo de actitud, más que justificar o buscar excusas, da a las personas una base de confianza porque saben que, aun cuando se equivocarían, están buscando el bien común y no una ganancia personal.

La responsabilidad compartida, además, se convierte en un pilar de cohesión y cuando cada miembro asume su parte en la reparación de una situación, la red entera se fortalece y la posibilidad de que una relación se desequilibre por fallos aislados se reduce significativamente.

Para ilustrar estas ideas, pensemos en un caso práctico y realista que podría aparecer en una familia que experimenta tensiones por expectativas de apoyo emocional ante un periodo de cambios. Imaginemos a Ana y Carlos, una pareja con dos hijos adolescentes, que notan a su hermana mayor,

Luisa, presente casi siempre cuando algo les conviene, pero ausente cuando requieren apoyo en momentos de vulnerabilidad o de duelo.

Luisa ofrece elogios y consejos cuando hay presión social o cuando se trata de conservar una imagen de unidad, pero su disponibilidad mengua cuando el tema es emocionalmente difícil o cuando se necesita un acompañamiento continuo.

Ana y Carlos deciden entonces establecer una rutina de diálogo semanal compartida con Luisa y otros miembros cercanos en un encuentro de 45 minutos donde cada quien expresa inquietudes y límites, seguido de un resumen escrito de acuerdos y responsabilidades.

También acuerdan diversificar su red de apoyo, buscando vínculos en otros familiares y amigos que demuestren consistencia en su comportamiento y disposición para acompañar en distintas circunstancias. Con el tiempo, Luisa aprende que su presencia tiene que sostenerse en momentos de dolor, no solo cuando se presenta como soporte para una imagen de armonía.

La experiencia les permite a la familia comprobar que la confianza no es una promesa o una etiqueta, se trata del resultado de actos sostenidos en coherencia, empatía y responsabilidad compartida.

A MANERA DE CIERRE

La reflexión final que emerge de estas pautas es sencilla, pero poderosa porque la confianza en relaciones genuinas no se improvisa, se practica.

Requiere una actitud de vigilancia suave, en la que observamos patrones sin perder la humanidad que caracteriza a cada vínculo. Se trata de cultivar un equilibrio entre la apertura que facilita la intimidad y los límites que protegen el bienestar emocional.

Es, a la vez, un llamado a la humildad de aceptar que nadie es perfecto, pero que sí podemos elegir sostener a quienes demuestran consistencia entre lo que dicen y lo que hacen.

Así, la red afectiva se fortalece y se expande con usuarios de apoyo fiables, y la familia, como sistema, se adapta para crecer con confianza ante las tensiones inevitables de la vida.

Este enfoque prepara el terreno para las próximas etapas del libro, en las que profundizaremos en herramientas concretas para distinguir entre afecto auténtico e intereses disimulados, y en estrategias para sostener vínculos sanos sin perder la humanidad que da sentido a la convivencia familiar.

ESTRATEGIAS PARA MANEJAR A LOS FALSOS PARIENTES

Limitar el impacto de los falsos parientes exige una estrategia deliberada que combine límites claros, comunicación asertiva y una gestión consciente de los espacios en los que se desarrollan las relaciones familiares. No se trata de cerrar puertas ni de convertir la familia en una fortificación fría, lo ideal es tejer una red afectiva en la que la autenticidad y el cuidado mutuo se sostengan incluso frente a presiones o comportamientos que pretenden instrumentalizar la cercanía.

En este marco, la primera decisión reside en identificar cuáles son los temas que resultan innegociables para el bienestar de la unidad familiar y cuáles, por su naturaleza, pueden abordarse con mayor serenidad o en condiciones distintas. Definir estos límites no es un acto de dureza, sin embargo, son una forma de proteger la confianza que permite que las relaciones funcionen a lo largo del tiempo.

Cuando se establece con claridad qué es aceptable y qué no lo es, se crea un marco de referencia que reduce la ambigüedad y facilita respuestas consistentes ante intentos de manipulación.

La definición de límites claros es un componente central de la estrategia, y esto implica una distinción precisa entre lo que se puede discutir con cordialidad y lo que exige una postura firme y protegida.

Por ejemplo, algunos temas pueden requerir una conversación directa, breve y enfocada en hechos verificables, mientras que otros deben tratarse en contextos más controlados o incluso fuera del círculo inmediato si su tratamiento resulta lesivo para el bienestar emocional del grupo.

En ese sentido, la consistencia entre palabras y acciones se convierte en una señal clave de integridad. Las promesas que no se pueden cumplir o que se ofrecen solo como moneda de cambio para obtener beneficios deben ser identificadas y descartadas como base de confianza.

Mantener una coherencia entre lo dicho y lo hecho fortalece la credibilidad de quienes operan con límites, y esa credibilidad es, al cabo, un amortiguador frente a futuras tensiones.

La asertividad emerge como la herramienta práctica para sostener estos límites. Expresar necesidades, límites y expectativas de manera directa pero respetuosa, sin ataques personales, facilita que el otro entienda qué comportamientos son aceptables y cuáles no. Este enfoque evita vueltas inútiles y reduce la energía que se gasta en discusiones innecesarias.

Además, la asertividad conlleva una responsabilidad porque cuando surge un conflicto, es preferible señalar el comportamiento observable que genera malestar y proponer alternativas concretas, en lugar de acusar motivaciones internas del otro.

En la medida en que las conversaciones difíciles se abordan desde la responsabilidad compartida y desde la intención de fortalecer la red familiar, el diálogo puede avanzar hacia soluciones efectivas sin deteriorar la relación.

La gestión de espacios de interacción es otra pieza clave porque limitar la exposición a ciertas dinámicas en reuniones grandes, establecer horarios de contacto y priorizar la comunicación escrita para temas sensibles son prácticas que reducen la probabilidad de que la instrumentalización se desenvuelva en un terreno público y empeore la situación.

Las reuniones familiares amplias, cuando no son necesarias para resolver asuntos urgentes, pueden convertirse en escenarios de presión social y de búsqueda de aprobación por parte de terceros.

En esos casos, diseñar encuentros con una estructura clara, con tiempos delimitados y con reglas básicas de participación, ayuda a mantener la conversación en un canal constructivo y a evitar que viejas tensiones resurjan de forma desproporcionada.

La consistencia entre palabras y acciones se refuerza mediante la estrategia de respuestas simples y firmes ante intentos de manipulación. Cuando alguien intenta evadir compromisos, presentar promesas vagas o recurrir a la culpa para justificar conductas problemáticas, la respuesta debe ser breve, concreta y orientada a los hechos, en lo que se espera, lo que se ha acordado y el paso siguiente.

Evitar debates prolongados que alimenten el conflicto es una habilidad práctica que, con el tiempo, se transforma en hábito; ya que la claridad reduce la probabilidad de malentendidos y minimiza el desgaste emocional que acompaña a las intrigas soterradas.

> En palabras simples, cuanto más directa sea la interlocución, más fácil será sostener los límites sin convertir cada interacción en una confrontación.

No subestimar la necesidad de apoyo externo es otro aspecto imprescindible. En muchas circunstancias, sostener límites de forma eficaz requiere recursos y perspectivas que van más allá de lo que la familia puede proporcionar de manera interna.

La mediación familiar o la asesoría profesional pueden aportar herramientas para renovar la conversación, establecer acuerdos más justos y, cuando sea necesario, facilitar distancias sanas sin recriminaciones.

Este acompañamiento externo no rompe la humanidad de la relación; la protege promoviendo un entorno en el que las diferencias pueden expresarse con dignidad y en el que las resoluciones se toman con una mirada equilibrada.

Un marco práctico para aplicar estas ideas emerge cuando se combinan límites, asertividad, gestión de espacios y apoyo externo en un plan coherente. El plan no debe verse como una lista rígida, se debe presentar como un conjunto de principios que guían las decisiones cotidianas con relación a qué temas son prioritarios, cómo decir no sin herir y cuándo buscar apoyo para sostener la red afectiva.

En la práctica, esto puede traducirse en acciones como establecer un protocolo de comunicación para temas sensibles, acordar con la familia un horario de reuniones que evite la repetición de conflictos y acordar con un tercero neutrales para facilitar conversaciones difíciles.

La intención central es sostener la dignidad de cada persona y, al mismo tiempo, proteger la integridad de la familia en su conjunto.

Para ilustrar estas ideas, consideremos un caso práctico que, a falta de una situación real compartida, puede representar una experiencia plausible para muchos lectores. Imaginemos a una familia que está preparando una reunión anual y se enfrenta a la presión de una tía que insiste en que todos sus hijos reciban una determinada cantidad de ayuda económica para un proyecto personal.

La conversación inicial se desarrolla en un tono cordial, pero rápidamente se torna incómoda cuando la tía sugiere que, si no se atiende su demanda, la unidad familiar podría enfrentarse a la discordia entre hermanos y a la crítica de la comunidad.

En este punto, la familia decide activar su protocolo de límites, especifican claramente qué tipo de apoyo es posible y qué circunstancias harían inviable esa ayuda; acuerdan no discutir ese tema en reuniones amplias y, en su lugar, trasladan la conversación a una sesión más reducida y con un mediador si fuera necesario.

Se opta por comunicar por escrito las condiciones y los plazos, de modo que no quede lugar a interpretaciones. Con este marco, la familia puede mantener la armonía en la reunión externa sin ceder ante la presión de la solicitud, preservando al mismo tiempo las relaciones y la salud emocional de todos.

Este ejemplo ilustra que la limitación de impacto no implica aislarse; implica diseñar respuestas que sean consistentes, justas y orientadas al bienestar común, incluso ante intentos de instrumentalización.

La invitación es a comprender que la eficacia de estas estrategias depende de la constancia y de la responsabilidad compartida. Limitar el daño que pueden causar los falsos parientes no es una táctica de confrontación permanente, se trata de una práctica de cuidado que busca equilibrar necesidad y dignidad.

Al practicar límites claros, al mantener la coherencia entre lo que se dice y lo que se hace, y al recurrir a apoyos externos cuando corresponde, la familia no solo protege su bienestar presente, también fortalece la base para las generaciones futuras.

En las próximas secciones, exploraremos herramientas más específicas para evaluar sinceridad y para consolidar límites con ejemplos prácticos, siempre orientados a sostener vínculos genuinos sin perder la humanidad que caracteriza a la convivencia familiar. El objetivo es claro, se debe construir una convivencia más madura, donde la intención de cuidar no se vea eclipsada por maniobras de control, y donde cada miembro pueda contribuir con responsabilidad al bienestar del conjunto.

Establecer límites claros es una de las estrategias más prácticas para reducir la influencia de los falsos parientes sin perder la humanidad que caracteriza a la vida familiar.

No se trata de erigir muros infranqueables, lo importante es delinear barreras protectoras que permitan que el afecto y la responsabilidad caminen en paralelo, sin que una parte aproveche la proximidad para obtener beneficios a costa del bienestar común.

En este marco, las técnicas para establecer límites se sostienen sobre tres ejes fundamentales: la asertividad, la claridad en las expectativas y la consistencia en las respuestas. Cada uno de estos componentes aporta una pieza clave para que la red familiar pueda sostenerse ante tensiones y, al mismo tiempo, siga cultivando vínculos genuinos.

LA ASERTIVIDAD:

Funciona como la disciplina de decir lo que se necesita, sin perder el respeto por la otra persona ni menoscabar la dignidad del vínculo.

Implica expresar límites de manera directa, sin ataques personales ni acusaciones que alimenten el conflicto. En la práctica, significa centrar la conversación en comportamientos observables y en los efectos de esos comportamientos sobre uno mismo y sobre la familia, en lugar de cargar a la conversación con interpretaciones ambiguas o juicios sobre la intención del otro.

Por ejemplo, ante una presión reiterada de un familiar para obtener favores económicos o para influir en decisiones familiares, la respuesta asertiva podría articularse en una frase breve y clara: "No puedo entregar esa ayuda en este momento; si la situación cambia, lo discutiremos en otro momento y con límites precisos".

Esa claridad evita la escalada de discusiones y coloca el foco en lo que es aceptable y en lo que no lo es.

LA CLARIDAD EN LAS EXPECTATIVAS:

Se trata de dejar en claro, de forma específica, qué se espera de cada relación y qué conductas son compatibles con el cuidado mutuo.

Es crucial distinguir entre apoyos que fortalecen la autonomía y apoyos que responden a un intercambio desigual. Las expectativas deben ser realistas y verificables; deben expresar, por ejemplo, qué tipo de apoyo emocional se ofrece, en qué circunstancias se puede recabar ayuda, qué gestos o favores deben ser recíprocos y cuáles no deben convertirse en condicionamientos para la interacción.

Esta claridad evita malentendidos que erosionan la confianza y facilita que cada parte sepa qué está en juego cuando hay discrepancias. En la práctica, puede traducirse en acuerdos simples, como definir con anticipación qué temas son innegociables y cuáles pueden discutirse con cierta flexibilidad, sin que ello implique renunciar a la propia integridad.

LA CONSISTENCIA EN LAS RESPUESTAS:

Es el eje más desafiante en dinámicas familiares complejas, por la coherencia entre lo que se dice y lo que se hace crea un marco de previsibilidad que reduce la ansiedad y fortalece la confianza.

Cuando una persona promete algo hoy y incumple mañana sin justificación razonable, se debilita la posibilidad de sostener límites. La coherencia no implica rigidez; implica que, aun cuando se ajusten límites ante nuevas circunstancias, esos cambios se comunican con transparencia y se fundamentan en criterios claros.

Mantener la consistencia también obliga a documentar acuerdos cuando sea necesario como una nota escrita de lo acordado puede servir para recordar compromisos y evitar interpretaciones divergentes a medida que pasa el tiempo.

En este sentido, la coherencia entre palabras y acciones se convierte en una brújula que orienta la relación hacia un terreno de mayor confianza y reciprocidad real.

Una parte central de la propuesta es la distinción entre temas innegociables y temas susceptibles de discusión. Los innegociables suelen estar ligados a la dignidad personal, a la seguridad emocional de los miembros más vulnerables y a la integridad del tejido familiar. Estos temas requieren límites firmes y respuestas claras cuando se ven amenazados.

Por otro lado, existen temas que pueden discutir con margen de negociación y con condiciones razonables, siempre dentro de un marco que no comprometa el bienestar de la familia ni exponga a nadie a situaciones abusivas o manipuladoras.

El equilibrio entre estos dos tipos de temas es dinámico y debe revisarse con regularidad, especialmente cuando emergen nuevas situaciones o cambios en la estructura familiar. Esta revisión periódica ayuda a ajustar límites sin perder la humanidad de las relaciones, preservando el sentido de pertenencia y responsabilidad compartida.

> La práctica de decir no con empatía es otra habilidad clave. Decir no, no es un acto de rechazo sino de cuidado porque protege a quien lo expresa y a quien lo recibe, manteniendo la posibilidad de construir respuestas alternas que sustenten la relación.

En lugar de una negativa seca, la formulación empática ofrece un camino de contención de reconocer la necesidad del otro, explicar por qué la respuesta actual no es viable y proponer una vía alternativa que permita mantener el vínculo sin sacrificar el bienestar personal.

La empatía, en este contexto, no significa ceder ante presiones, es buscar soluciones que respeten a todas las partes y que mantengan la relación en un plano de colaboración.

La construcción de un discurso de salida ante situaciones inevitables es otro recurso práctico. A veces, incluso con límites claros, puede surgir una interacción que comprometa de forma significativa el equilibrio emocional.

En esas circunstancias, disponer de un discurso de salida bien articulado —una forma de despedida respetuosa y gradual que reduzca el daño— puede prevenir rupturas abruptas y facilitar un distanciamiento que se necesite por el bien de la salud emocional.

Este discurso no pretende demonizar al otro ni negar la historia compartida; busca culminar una fase de la relación de la manera más humana y responsable posible, dejando abierta la posibilidad de reencuentro futuro bajo condiciones más saludables.

La documentación de acuerdos y su revisión periódica no es una traba burocrática, se define como una ayuda práctica para sostener límites en el tiempo. Anotar qué se acordó, en qué contexto y con qué criterios de revisión permite que los límites no dependan de la memoria selectiva de cada momento.

Esta práctica facilita la observación objetiva de progresos y, cuando es necesario, de reajustes, ya sea para suavizar una regla o para endurecerla ante nuevas dinámicas de riesgo. La revisión periódica debe hacerse con la participación de las personas directamente involucradas y, cuando corresponde, con el apoyo de mediación o asesoría profesional para garantizar que las decisiones sigan priorizando el bienestar común.

La gestión de espacios y de formatos de interacción también juega un papel práctico. En reuniones grandes, por ejemplo, puede ser adecuado limitar la exposición de ciertos temas o estandarizar la manera en que se discuten las cuestiones sensibles.

Establecer horarios de contacto definidos y preferir la comunicación escrita para temas delicados puede disminuir la posibilidad de escaladas y malentendidos. Este reacomodo de los entornos de interacción no es una censura de la relación, se trata de un diseño que protege a todos y facilita la convivencia cotidiana, incluso cuando las tensiones aumentan.

La diversidad de apoyos y la red de acompañamiento también fortalecen la aplicación de límites. Cuando las personas acuden a diferentes fuentes de apoyo —amigos, mentores, terapeutas, otros familiares— la carga emocional no recae de forma desproporcionada en un único vínculo.

Esa diversidad reduce la dependencia de una única intervención que podría convertirse en una palanca para manipulación. En la práctica, cultivar una red de apoyo amplia y confiable es un acto de cuidado que complementa la frontera protectora de los límites y que promueve la autonomía emocional de cada miembro.

A MANERA DE CIERRE

Como cierre, es importante recordar que la influencia de los falsos parientes no se combate con dureza, se puede enfrentar con una combinación de claridad, consistencia y soluciones humanas. Los límites deben sostenerse con firmeza, pero también con flexibilidad suficiente para adaptarse a las circunstancias sin abandonar la dignidad ni la calidez de la relación. Este equilibrio puede requerir práctica, paciencia y, en algunos momentos, apoyo externo.

Con estas herramientas, la familia puede continuar creciendo en armonía, incluso cuando se enfrentan tensiones inevitables, fortaleciendo la confianza, la responsabilidad compartida y la capacidad de cuidar unas a otras sin sacrificar el propio bienestar.

La idea central que emerge de este conjunto de estrategias es que los límites son un marco que facilita la convivencia sostenible, y no una frontera rígida que corta la relación.

La claridad en las expectativas, la asertividad en la comunicación y la consistencia en las respuestas constituyen un trípode que sostiene la autonomía emocional de cada miembro y, al mismo tiempo, mantiene abierta la posibilidad de vínculos humanos, respetuosos y humanos.

En la medida en que estas prácticas se incorporan de manera cotidiana, la red familiar se fortalece, se reduce la presión de manipulaciones veladas y se abre espacio para que el tejido afectivo crezca con mayor libertad y responsabilidad.

Capítulo tras capítulo, el libro acompaña a quien lo lee a convertir límites bien trazados en una experiencia de pertenencia más auténtica y más segura para las generaciones presentes y futuras.

LIMPIEZA DE RELACIONES TÓXICAS

La limpieza de relaciones tóxicas es un proceso gradual que nace de una evaluación honesta del impacto de cada vínculo en el bienestar propio y de la red familiar. En este punto del libro, la propuesta no es un diagnóstico definitivo ni una sentencia de condena, es una lectura cuidadosa de la realidad que cada quien experimenta en casa.

Identificar qué dinámicas te agotan, qué comportamientos se repiten y qué respuestas emocionales emergen con frecuencia se convierte en el primer paso para decidir con claridad dónde conviene hacer ajustes y, en su caso, tomar distancia. Esta evaluación, que puede parecer duro, es en realidad un acto de autocuidado y de responsabilidad hacia quienes comparten la vida cotidiana, porque la familia no se fortalece manteniendo a raya la verdad, lo hace alineando las acciones con un cuidado mutuo que sostenga a todos a largo plazo.

Para avanzar con firmeza en este rumbo, conviene acotar la mirada, ya que nadie niega que el cariño pueda convivir con tensiones y heridas; la clave está en distinguir entre vínculos que nutren y aquellos que, de forma reiterada, instrumentalizan la cercanía para obtener beneficios propios.

En la práctica, esa distinción se hace visible cuando evaluamos el costo emocional de ciertas interacciones, y preguntas que tal vez antes pasaban inadvertidas se vuelven necesarias:

- ¿Qué dinámicas se repiten cuando la relación está en juego?
- ¿Qué respuestas emocionales se activan con mayor frecuencia en presencia de esa persona?
- ¿Qué sucede cuando hay conflicto o cuando hay que tomar decisiones difíciles que afecten a la familia en su conjunto?

Responder con franqueza a estas preguntas permite construir un mapa interno de límites y de rutas de acción que protejan la integridad emocional sin perder la humanidad que caracteriza a una convivencia familiar sana.

Una parte sustantiva de este capítulo es el reconocimiento de que distanciarse no equivale a castigar ni a repudiar. Distanciarse, cuando es necesario, es un acto de cuidado, una forma de preservar el equilibrio emocional de todos los implicados y de evitar que el desgaste crónico de una relación contamine el clima general del hogar. Este enfoque exige, eso sí, una planificación que respete la dignidad de la otra persona y la propia.

No se trata de cortar de raíz, lo ideal es reducir, reorganizar y, en ciertos casos, reconfigurar la manera en que se interactúa. La intención es clara, se trata de acelerar la recuperación de energía emocional, abrir espacio para vínculos que nutren y consolidar un entorno en el que la responsabilidad compartida y el respeto mutuo puedan emerger con más fuerza.

En este marco, la reducción de contacto debe verse como una estrategia concreta, no como una respuesta emocional impulsiva. Comienza por disminuir la frecuencia de las interacciones que han sido especialmente agotadoras o que han mostrado patrones de aprovechamiento.

Este paso inicial puede hacer visible el peso real de la relación y facilitar la toma de decisiones. Es útil, además, comunicar los cambios con claridad y calma, explicando las razones sin adornos innecesarios ni justificaciones en exceso.

La transparencia evita malentendidos y evita que se cargue a la otra persona con culpas innecesarias. El objetivo de este primer movimiento es preservar el mayor grado posible de dignidad para ambas partes, manteniendo abiertos los canales para un trato cortés y, si corresponde, para una interacción controlada y cuando el contexto lo permita.

A medida que la situación no madura o mejora, puede hacerse necesario distanciarse de forma más planificada. Este distanciamiento debe ser gradual, con un canal de comunicación mínimo y enfocado únicamente en el bienestar de todos los involucrados.

Incluso en ese proceso, la finalidad no es alimentar una pelea, se tiene que buscar proteger la salud emocional. En la práctica, puede significar optar por encuentros menos frecuentes, limitar la participación de la persona en temas sensibles, o delegar ciertas decisiones a otros miembros de la familia que ofrezcan mayor estabilidad.

En paralelo, conviene fortalecer la red de apoyo externo y alternativo como amigos confiables, mentores o profesionales que ofrezcan un sostén emocional sólido, capaz de sostener la autonomía personal cuando la familia de origen no ofrece ese sostén de forma consistente.

La experiencia muestra que la etapa de distanciamiento puede resultar dolorosa, y es habitual experimentar culpa, miedo a la ruptura de vínculos significativos y la inquietud de que la decisión sea mal interpretada por otros.

> Resulta esencial recordar que el autocuidado no es un capricho, sino una condición para que la familia, a medio y largo plazo, pueda sostenerse en medio de tensiones inevitables.

La claridad de propósito —preservar la salud emocional, proteger a las generaciones futuras y mantener la capacidad de construir vínculos auténticos— ayuda a sostener la decisión cuando las emociones se intensifican. Además, la coherencia entre palabras y acciones se vuelve un ancla, porque si dices que vas a reducir contactos, es fundamental que las acciones acompañen ese compromiso para evitar que la distancia se perciba como ausencia o rechazo permanente.

En el marco de este capítulo, conviene presentar un caso que ilustre el proceso sin estilizarlo de forma moralizante. Imaginemos a una familia que convive con una tía que, aunque cercana, tiende a presionar para obtener favores y a utilizar la culpa para reforzar su influencia.

Al inicio, la familia intenta mantener la armonía con gestos de tolerancia y promesas de apoyo, pero las dinámicas repetidas revelan un desgaste emocional significativo de discusiones que emergen de temas que deberían ser neutrales, promesas incumplidas que dejan a otros con la carga de sostener el equilibrio, y una tendencia a construir complicidad en torno a críticas veladas que apuntan a la debilidad de otros.

Tras un proceso de evaluación honesto, la familia decide reducir la frecuencia de encuentros, establecer límites claros sobre temas que se considerarán en conversaciones y optar por un formato de interacción más estructurado.

En casos concretos, pueden acordarse reuniones en entornos más amplios y con presencia de otros familiares, o incluso la inclusión de un mediador para mantener la conversación en un marco de respeto y responsabilidad.

Con el tiempo, la distancia planificada se vuelve más estable, y la familia encuentra energía para nutrir vínculos que realmente fortalecen, como la relación entre hermanos y los lazos entre padres y sus hijos adolescentes, que requieren presencia consciente y un clima de confianza que no puede depender de una única figura.

Este ejemplo subraya una idea central, ya que distanciarse no se utiliza para culpar o demonizar, se hace para recuperar la posibilidad de una convivencia que, en su mejor versión, se apoya en la honestidad, la responsabilidad compartida y el cuidado mutuo.

En la práctica, eso implica también buscar apoyo externo cuando sea necesario. La ayuda de un profesional en salud emocional, o la participación en espacios de mediación, puede facilitar el proceso, especialmente cuando la familia se enfrenta a dilemas difíciles o cuando los intentos de diálogo se vuelven tensos y repetidos.

El objetivo es, en última instancia, sostener un equilibrio que permita a cada persona ejercer su autonomía emocional sin perder el vínculo humano que da sentido a la vida familiar.

La invitación es a comprender que la limpieza de relaciones tóxicas, más que un protocolo, es una actitud constante. Implica anticipar tensiones, distinguir entre afecto auténtico e instrumentalización y decidir con responsabilidad cuando conviene mantener, ajustar o distanciar.

Es un compromiso con un futuro en el que las generaciones venideras aprendan a reconocer señales de manipulación, a expresar necesidades con claridad y a sostener vínculos basados en la verdad, la empatía y la responsabilidad compartida.

Es por ello que la distancia puede ser una decisión decisiva para proteger el tejido de la familia, sin perder la esperanza de que, mediante límites sanos y una red de apoyo diversa, es posible cultivar relaciones que nutren, educan y fortalecen a todos los que forman parte de la historia familiar.

El autocuidado y la protección emocional no son caprichos; son condiciones necesarias para sostener vínculos humanos en medio de tensiones familiares y de distancias que, a veces, se vuelven inevitables.

En un proceso de limpieza de relaciones tóxicas, donde se aprende a identificar dinámicas que desgastan y a distanciarse con responsabilidad, cuidar de uno mismo se transforma en una habilidad de supervivencia que permite mantener la serenidad, incluso cuando la convivencia cercana se ha vuelto difícil.

Este cuidado no busca aislar al individuo, sin embargo, se enfoca en conservar la capacidad de amar con claridad, de mostrar empatía sin entregarse a la exposición constante de vulnerabilidades y de sostener la responsabilidad afectiva sin permitir que los vínculos tóxicos determinen el rumbo de la vida familiar.

Entender el autocuidado como base de relaciones sanas implica reconfigurar la idea de bienestar, ya que no es un estado estático de felicidad perpetua, es una práctica continua que sostiene la tensión entre intimidad y límites.

Cuando la familia atraviesa momentos de discordia, cuando las dinámicas de poder o manipulación resurgen en ciertas reuniones o conversaciones, cuidar de uno mismo se convierte en una acción ética. Significa reconocer lo que se puede recibir sin desatender lo que se necesita dar para conservar la dignidad personal y la integridad del grupo. Este enfoque distingue entre el esfuerzo por mantener un vínculo y la renuncia a la salud emocional propia. En ese equilibrio, el autocuidado se erige como un sistema de apoyo que protege no solo al individuo, sino a la red familiar en su conjunto.

Para cultivar ese sistema, es útil incorporar hábitos específicos que fortalezcan la resiliencia emocional. Uno de los pilares es la reflexión regular de dedicar un tiempo a revisar lo sucedido, identificar qué emociones emergen ante cada interacción y distinguir entre reacciones impulsivas y respuestas meditadas.

La reflexión no es autocastigo, es una mirada serena sobre los patrones que se repiten y acompañarla de descanso suficiente es otra pieza crucial. El cansancio emocional agota la capacidad de discernimiento y facilita que se confunda necesidad de proximidad con deseo de evitar el conflicto.

Dormir lo suficiente, descansar de las reuniones extensas o de los relatos sesgados que puedan circular en familia, son acciones simples que preservan la claridad y fortalecen la capacidad de responder con mesura.

La búsqueda de apoyo profesional cuando es necesario es un componente legítimo y prudente del autocuidado. Hablar con un terapeuta o un orientador familiar ofrece un espacio externo y neutral para clarificar percepciones, practicar respuestas asertivas y diseñar estrategias de manejo de conflictos. No se trata de diagnosticar o culpar a alguien, lo importante es obtener herramientas para sostener el bienestar emocional ante situaciones complejas.

Este apoyo puede facilitar la elaboración de planes de acción, como acuerdos de distanciamiento temporal, rutinas de diálogo más seguras o técnicas para desactivar escaladas emocionales.

Buscar ayuda profesional envuelve también la economía emocional, al reconocer cuándo es razonable invertir en una guía externa que aporte estructura a la convivencia.

Entre las prácticas concretas que fortalecen el autocuidado destacan los rituales personales que permiten mantener la claridad mental y la presencia en el día a día. Un ritual puede ser tan simple como reservar un momento matutino para la respiración consciente, una caminata breve para soltar tensiones, o una pausa corta durante el día para anotar tres aspectos por los cuales se siente agradecido.

Estos hábitos no son escapismos, se trata de anclajes que sostienen la percepción de la realidad tal como es, sin permitir que las dinámicas tóxicas adquieran una centralidad desproporcionada.

Cultivar amistades y relaciones de confianza fuera del círculo familiar directo también actúa como un contrapeso saludable, son personas que ofrecen apoyo emocional consistente, que escuchan sin juicios y que refuerzan la aportación positiva de cada individuo al tejido familiar.

La protección emocional, por su parte, se ejerce con límites claros y con una visión práctica de lo que se está dispuesto a tolerar. Proteger el bienestar implica decidir, con claridad, qué temas deben tratarse en determinadas condiciones, qué grado de cercanía resulta sostenible y cuál es el lugar adecuado para ciertos conflictos.

No se trata de cortar toda comunicación, lo que se debe hacer es modularla de modo que la energía emocional se use de forma constructiva.

> Un límite puede ser, por ejemplo, limitar la exposición en encuentros donde el territorio de cada quien se ve amenazado por comentarios despectivos, o establecer reglas sobre qué temas se abordan en qué contextos.

Mantener esa coherencia entre lo que se dice y lo que se hace es crucial para que las palabras no se conviertan en meras promesas vacías y para que las acciones respalden las intenciones de cuidado mutuo.

Otra faceta del autocuidado es la construcción de una red de apoyo diversa porque depender de una sola fuente de apoyo emocional puede volverse una vulnerabilidad; cuando esa fuente fallara, el equilibrio familiar podría tambalearse.

Por ello, es útil cultivar vínculos con amigos, mentores, profesionales, y otros familiares que compartan valores de honestidad y responsabilidad.

Esta diversidad no implica desconfianza generalizada, es una seguridad adicional, porque ante tensiones o crisis, hay recursos humanos y materiales que sostienen el proceso de distanciamiento con dignidad y sin culpas. En la práctica, una red amplia facilita beneficiarse de perspectivas distintas, reduce la carga sobre cualquier persona en particular y mantiene el foco en soluciones que beneficien al conjunto familiar.

La implementación de estas prácticas tiene un efecto directo en la capacidad de tomar decisiones difíciles, como la distensión o la separación temporal de ciertos vínculos.

Cuando el autocuidado está presente de forma constante, las decisiones difíciles pierden parte de su carga emocional y se vuelven acciones estratégicas orientadas al bienestar.

Distanciarse, en este marco, es una medida de protección diseñada para preservar la capacidad de las personas para amar, colaborar y crecer dentro de un marco de respeto y responsabilidad; no se debe confundir como un acto castigo. Este enfoque promueve una convivencia más madura; y no se niega la humanidad de las relaciones, pero se protege la dignidad de cada persona y se evita que la presión de una dinámica tóxica empañe la vida familiar.

A lo largo de este capítulo se subraya que el autocuidado también implica reconocer cuando la vía de menor daño es buscar apoyos externos y reconfigurar la red de relaciones que sostienen a la familia.

La idea no es aislarse para evitar el contacto, se debe crear un entorno donde cada individuo puede organizar su vida emocional con autonomía, sin sacrificar el sentido de pertenencia ni la posibilidad de reconstruir puentes cuando las circunstancias lo permitan. En ese sentido, el autocuidado se convierte en una inversión en la propia salud mental y en la salud emocional de los demás, porque los efectos de una persona cuida a su propia serenidad y, por extensión, transmite esa serenidad al conjunto.

Al mirar hacia el futuro, este tema del autocuidado y de la protección emocional se enlaza con las herramientas prácticas que vendrán en las próximas secciones.

Se explorarán métodos para distinguir entre afecto auténtico e intereses disfrazados con mayor precisión, y se propondrán estrategias para sostener vínculos sanos sin perder la humanidad que cimenta la vida familiar.

Por ahora, lo esencial es reconocer que la limpieza de relaciones tóxicas no es un sacrificio de la propia alegría, es una disciplina que facilita una vida más auténtica y un hogar capaz de sostener a todos sus miembros en la adversidad y en la alegría.

En esa línea, la constancia del autocuidado se presenta como el motor que permite, día tras día, elegir con valor entre el acercamiento compasivo y la defensa necessary de la propia salud emocional.

A MANERA DE CIERRE

La reflexión final sobre la importancia del autocuidado y la protección emocional invita a considerar tres ideas centrales.

- Primero, la claridad de límites y la coherencia entre lo que se dice y lo que se hace son expresiones de respeto tanto hacia uno mismo como hacia los otros.
- Segundo, la diversificación de la red de apoyo fortalece la autonomía emocional y reduce la dependencia de una sola fuente de validación.

- Tercero, la práctica constante de hábitos de autocuidado —descanso, reflexión, presencia consciente y, cuando se necesita, apoyo profesional — convierte las distancias necesarias en una decisión responsable, y a la vez, en una afirmación de que la humanidad y la dignidad pueden permanecer intactas incluso ante tensiones familiares.

Con esas bases, la familia puede avanzar hacia una convivencia más consciente, en la que cada miembro aprende a cuidarse para poder cuidar mejor a los demás.

CONSECUENCIAS DE NO DETECTAR A LOS FALSOS PARIENTES

Cuando no se detectan a tiempo, los falsos parientes pueden iniciar una cascada de consecuencias que afecta a toda la red familiar y al clima emocional de cada persona. Ignorar las señales de alerta no es simplemente pasar por alto indicios; es permitir que dinámicas de interés se instauren con normalidad, erosionando poco a poco la confianza, la claridad y la seguridad emocional que sostienen a la familia en su conjunto.

En este capítulo, exploramos los riesgos y daños que emergen cuando la vigilancia emocional se debilita y la autenticidad de las relaciones queda a merced de agendas ocultas. Pretendemos, así, entender por qué conviene actuar con serenidad y previsión ante patrones que, si se dejan crecer, transforman lo cotidiano en un terreno resbaladizo.

La primera consecuencia es la repetición de conflictos que, más que resolver, se vuelven rutinarios porque cuando una dinámica está regida por intereses disfrazados, los desacuerdos dejan de ser sobre temas puntuales y se convierten en herramientas para presionar, ganar tiempo o reforzar una posición de poder dentro de la familia.

Así, conversaciones que deberían clarificar límites, decisiones y afectos se desvían hacia discusiones interminables, donde la verdad se va difuminando entre versiones, medias verdades y promesas incumplidas. Esta desconfianza constante alimenta una atmósfera en la que cada interacción carga el peso de una sospecha no expresada:

¿Será que lo que se dice es suficiente
para sostener la relación o hay un interés oculto
que lo condiciona todo?

Con el tiempo, esa incertidumbre genera cansancio y desazón, y la esperanza de una convivencia armoniosa se ve atacada por la sensación de estar caminando sobre un terreno inestable.

Otra dimensión de los daños es la erosión de la confianza, no solo entre las personas involucradas directamente, también en la memoria colectiva de la familia.

Cuando las acciones no se corresponden con las palabras, y cuando los favores o elogios aparecen como moneda de cambio para asegurar conveniencias, la historia compartida pierde su integridad. Los relatos que se cuentan en reuniones, las promesas que se repiten y los apoyos que se ofrecen con condicionalidad quedan marcados por una sospecha persistente.

Este debilitamiento de la confianza no es una falla aislada; es una herida que se transmite a través de las generaciones. Los más jóvenes, al percibir que la coherencia entre lo que se dice y lo que se hace no es constante, internalizan una lección peligrosa porque la verdad y el afecto pueden estar sujetos a la conveniencia del grupo o de un individuo, en lugar de ser fundamentos estables de convivencia.

El estrés crónico es una tercera consecuencia que suele acompañar a estas dinámicas. La constante necesidad de vigilar intenciones, cuestionar gestos y anticipar posibles maniobras genera tensión emocional sostenida.

Este estado, lejos de promover una mayor prudencia, suele deteriorar la salud mental y física de quienes están expuestos a la instrumentalización de las relaciones. El estrés crónico también afecta la capacidad de tomar decisiones con claridad, ya que cuando la mente está ocupada por la vigilancia de posibles engaños, se reduce la lucidez para separar lo que es genuino de lo que es manipulador.

Esto quiere decir que, las personas pueden terminar priorizando la anestesia emocional de la convivencia superficial, en lugar de cultivar vínculos que nutran y fortalezcan a la familia a largo plazo.

La repercusión no se queda en el presente, pero se extiende a las generaciones futuras. Cuando las dinámicas de afecto y beneficio se normalizan como un patrón de interacción familiar, los niños y adolescentes aprenden a medir su valor en función de la aprobación o del favor de alguien con una posición de poder relativo dentro del clan.

Esa enseñanza puede sembrar inseguridades, miedo a expresar desacuerdos y dificultad para distinguir entre amor auténtico y manipulación disfrazada.

La educación emocional de las nuevas generaciones corre el riesgo de transformarse en un aprendizaje de cautela excesiva, en el que pedir ayuda o expresar una necesidad se interpreta como un signo de debilidad o como una oportunidad para ser aprovechado. El daño, así, no es solamente personal, lo es social y generacional.

Ante este panorama, reconocer los riesgos a tiempo marca una diferencia crucial. La detección temprana permite a cada miembro de la familia actuar con mayor serenidad, construir un ambiente más equilibrado y evitar que los patrones disfuncionales se arraiguen de forma profunda.

La lectura cuidadosa de las dinámicas, combinada con un enfoque práctico de límites, honestidad y responsabilidad compartida, puede evitar que una relación aparentemente cercana derive en una relación instrumental.

No se trata de volver la vida familiar un campo de desconfianza total, sino de fortalecer la claridad sobre lo que se espera de cada vínculo y de qué modo ese vínculo sostiene o desestabiliza el bienestar común.

En este marco, el libro ofrece una ruta para enfrentar estos riesgos sin culpar a nadie ni demonizar relaciones familiares complejas. Primero, conviene mapear comportamientos repetidos que señalan intereses ocultos como favores condicionados, elogios selectivos, críticas disfrazadas de consejos, silencios cómplices ante conductas impropias y una inversión emocional desequilibrada.

Este mapeo es una herramienta de lectura estratégica que ayuda a distinguir entre afecto auténtico y instrumentalización.

Segundo, es esencial cultivar la comunicación abierta y la escucha activa, que permiten diferenciar entre una preocupación genuina y un intento de manipulación. Hablar con claridad, expresar límites y pedir aclaraciones cuando surgen inconsistencias son prácticas que fortalecen la red familiar y reducen la vulnerabilidad ante dinámicas de poder.

La experiencia de los lectores, por más diversa que sea, puede enrolarse en ejemplos simples y verosímiles que ilustren estos principios. Imaginemos una familia que, frente a un tema polémico, observa la misma pauta de si la conversación produce un resultado útil para todos o se transforma en un juego de influencias para un individuo.

En una ocasión, un pariente cercano ofrece su "apoyo" a cambio de que se evite cuestionar ciertas decisiones que afectan recursos compartidos. En otra, un elogio público se acompaña de críticas veladas en privado que buscan disminuir la autonomía de quienes están al margen.

Estos ejemplos no buscan señalar culpables, sin embargo, ayuda a mostrar patrones que, si se repiten, deben ser identificados y tratados con límites claros y una comunicación honesta. Al cerrar este apartado, conviene recordar que la prevención de daños pasa por una combinación de vigilancia, límites y apoyo externo cuando sea necesario. Reconocer que una relación cercana puede también ser una fuente de desgaste exige valentía y humildad para actuar.

El objetivo es proteger el bienestar emocional de toda la familia y preservar la posibilidad de construir vínculos más auténticos en el futuro.

En las próximas secciones, se desarrollarán herramientas concretas para distinguir entre afecto legítimo e interés disfrazado, así como estrategias para enfrentar estas dinámicas de manera práctica y humana.

Mantener la humanidad de la convivencia familiar, incluso frente a tensiones, es un compromiso que exige lectura atenta, decisión responsable y un marco de apoyo que permita a cada miembro crecer con dignidad y claridad.

Evitar caer en manipulaciones o engaños no es una cuestión de desconfianza permanente, es construir una forma de convivencia que promueva la verdad, la claridad y la responsabilidad compartida.

Cuando una familia se enfrenta a dinámicas en las que intereses ocultos se esconden tras gestos de cercanía, el riesgo es real, la confianza se erosiona, las decisiones se tornan ambiguas y la armonía aparenta mantenerse solo a costa de una verdad postergada.

En ese escenario, la prevención es tan importante como la respuesta; se trata de crear herramientas que permitan detectar señales, verificar hechos y sostener un entorno en el que las personas puedan confiar sin perder su autonomía ni su estabilidad emocional.

Este capítulo propone un conjunto de prácticas que, juntas, buscan fortalecer esa base al registrar hechos verificables, recurrir a observadores neutrales y cultivar una comunicación transparente que desmonte ficciones convenientes para una parte y, al mismo tiempo, proteja a los demás.

Empecemos por la necesidad de registrar hechos verificables, porque registrar no significa convertir cada interacción en una evidencia judicial, es conservar una memoria clara y objetiva de lo ocurrido como fechas, temas tratados, promesas hechas, compromisos asumidos y resultados entregados.

Este registro funciona como un contrapeso a las narrativas que, con el paso del tiempo, pueden volverse selectivas o distorsionadas.

Cuando una persona cercana despliega elogios o favores, es natural sentirse agradecido; sin embargo, la memoria tiende a sesgarse ante la presión emocional, y allí es donde el registro operativo se vuelve crucial.

Anotar lo acordado, revisar si esas promesas se cumplieron y registrar cualquier cambio de postura ante los temas discutidos ayuda a separar la emoción del hecho necesario para la toma de decisiones.

No se trata de convertir cada interacción en un expediente; se trata de crear un historial accesible que permita comparar lo que se prometió con lo que efectivamente se realizó, y detectar patrones que indiquen una manipulación sostenida o un aprovechamiento de la cercanía para obtener ventajas.

La segunda pieza central es consultar a terceros neutrales, en este sentido, la idea no es delegar la responsabilidad de discernimiento en alguien externo para que resuelva la situación, pero sí obtener una perspectiva que no esté sesgada por las tensiones familiares del momento.

Un terapeuta familiar, un mediador, o incluso un amigo de confianza que no tenga participación directa en el conflicto, pueden ofrecer un marco distinto para interpretar conductas que, en la intimidad, podrían parecer confusas o justificables.

La clave está en elegir a personas que escuchen sin prejuicios y que estén dispuestas a cuestionar narrativas sesgadas por la emoción. Este apoyo externo no sustituye la responsabilidad de cada integrante, no obstante, añade una capa de claridad que facilita distinguir entre un apoyo auténtico y una instrumentalización que se presenta como ayuda.

> Cuestionar narrativas que solo benefician a una parte es otro eje fundamental.

En la experiencia de las relaciones familiares, es frecuente encontrarnos con relatos que eximen de responsabilidad a quien ofrece el beneficio y que, paradójicamente, buscan legitimar la propia posición bajo el manto de la lealtad familiar. Cuestionar no significa convertirse en juez implacable, es aplicar una mirada crítica a las explicaciones que se adhieren con facilidad a una versión de la historia. Preguntas directas y bien planteadas pueden abrir camino para entender intenciones y efectos reales.

- ¿Qué propósito subyace en esa acción?
- ¿Qué ganancia, si la hubiera, se sostiene a largo plazo?
- ¿Qué evidencia sustenta esa versión de los hechos?

Este proceso de indagación, aplicado con empatía y sin acusación, ayuda a evitar que una narración parcial predomine sobre la verdad compartida, y a evitar que la cooperación se convierta en un instrumento de control.

La transparencia en la comunicación es otro pilar y cuando las conversaciones son abiertas y sin velos, es más probable que las intenciones queden expuestas y que se reduzca la probabilidad de malentendidos que alimentan la sospecha.

La transparencia es clarificar las intenciones y los límites de cada interacción, por ejemplo, cuando se trata de un tema sensible, puede ser útil expresar con claridad lo que se espera, lo que se considera aceptable y cuál será la forma de verificar el cumplimiento.

La claridad en las intenciones facilita a todos los involucrados entender el marco de la conversación y evita que se confunda un acto de apoyo genuino con una maniobra para ganar influencia o control.

La educación emocional en la familia aparece como una herramienta de largo plazo para sostener estas prácticas, se trata de enseñar a cada miembro, desde los más jóvenes hasta los adultos, a identificar señales de alerta sin convertirlas en temores desproporcionados.

A su vez, implica conversar sobre emociones, límites y responsabilidades, y hacerlo de manera que cada persona se sienta escuchada y válida.

La educación emocional no es una tarea aislada de la terapia o de la crianza; es un hábito que se cultiva con rutinas de conversación, con normas de respeto y con ejercicios simples de reconocimiento de estados internos. Cuando se aprende a expresar preocupaciones sin agresión y a pedir aclaraciones cuando surgen dudas, la red afectiva gana en resiliencia y capacidad de sostenerse ante tensiones.

La salud mental, en su conjunto, debe integrarse a la estrategia con prácticas como la atención plena, la regulación emocional, y, cuando sea necesario, la consulta con profesionales, que permiten sostener el equilibrio personal mientras se navega por dinámicas complejas.

No se trata de un lujo, contar con salud mental es una base para que cada persona pueda distinguir entre presión legítima y manipulación encubierta, y para conservar la capacidad de decidir con claridad y responsabilidad.

Un enfoque de salud mental compartido en la familia, que incluya apoyo mutuo, puede convertir un ambiente potencialmente hostil en un espacio donde se protege la dignidad de todos y se evita que el daño se extienda a las generaciones futuras.

La cultura de responsabilidad compartida, por su parte, es el marco que reúne estas prácticas en una lógica de conjunto.

Significa aceptar que cada miembro tiene un papel activo en el bienestar común, que la verdad debe ser buscada y aceptada por todos, y que las decisiones se deben tomar considerando el interés de la red en su conjunto, no solo de una parte.

En la práctica, esto se traduce en acuerdos explícitos, revisión periódica de los compromisos y una actitud de vigilancia serena frente a señales de desequilibrio. Cuando la responsabilidad es compartida, las tentaciones de instrumentalización pierden terreno frente a la convicción de que la prosperidad de la familia depende de la integridad de sus relaciones.

En última instancia, la integridad de las relaciones familiares se sostiene en la coherencia entre lo que se dice y lo que se hace, en la voluntad de buscar la verdad común incluso cuando resulta incómoda, y en la capacidad de cada quien de asumir una parte de la responsabilidad ante las tensiones.

Este conjunto de prácticas no garantiza que no surjan conflictos ni que todas las intrigas se desenvuelvan sin dolor; lo que sí ofrece es una ruta más clara para distinguir entre un afecto que nutre y un interés que instrumentaliza, para decidir con mayor serenidad cuándo es razonable sostener una relación y cuándo la mejor opción es distanciarse temporalmente con el espíritu de cuidado y no de castigo.

Al final, el objetivo es fortalecer vínculos que sostengan el bienestar emocional de todos, protegiendo a las nuevas generaciones y promoviendo una convivencia marcada por la autenticidad, la responsabilidad y la empatía compartida.

A MANERA DE CIERRE

La reflexión final invita a ver estas prácticas como un marco operacional de registrar hechos, consultar a terceros neutrales, cuestionar narrativas parciales y fomentar una comunicación abierta y clara.

Con ese marco, la familia puede navegar con mayor seguridad por escenarios donde los intereses pueden desalinearse del bien común, sin que la sospecha constante se convierta en un obstáculo para la convivencia.

Si cada persona asume la verdad con responsabilidad y se compromete con el bienestar colectivo, las dinámicas de control y sabotaje encuentran menos terreno para prosperar, y la red afectiva se fortalece para sostenerse frente a tensiones y cambios.

Este enfoque, aplicado con constancia, prepara el terreno para las estrategias que vendrán en los capítulos siguientes, en las que se abordan herramientas concretas para evaluar la sinceridad y para construir límites que protejan a la familia sin perder la humanidad que le da sentido.

CÓMO PROTEGER A LAS FUTURAS GENERACIONES

La protección de las futuras generaciones empieza por sembrar valores sólidos entre los que están la honestidad como guía permanente, la empatía como puente entre diferencias, la responsabilidad como compromiso compartido y el establecimiento de límites saludables que sostengan la autonomía emocional de cada integrante.

Este eje de educación y valores no nace de un momento puntual, florece de una práctica cotidiana que se integra al ritmo de la vida familiar. Se trata de cultivar un clima en el que las palabras y las acciones, desde la infancia, señalen coherencia: lo que se promete se cumple, lo que se critica se fundamenta en el deseo de ayudar, y lo que se valora queda fuera de la puja por favoritismos. En esa coherencia se asienta la base para que las futuras generaciones aprendan contenidos y desarrollen una forma de ser capaz de discernir, actuar y cuidar sin perder la libertad interior.

La educación emocional es una de las herramientas centrales de este capítulo. Educar en la emoción implica enseñar a los jóvenes a identificar lo que sienten, a nombrarlo con claridad y a expresar esas sensaciones sin temor al juicio.

Ese primer paso abre la puerta a un diálogo sincero sobre las expectativas que pesan sobre ellos, sobre las presiones sociales y sobre las posibles manipulaciones que pueden aparecer disfrazadas de cuidado o de interés por su bienestar.

Cuando los niños y adolescentes aprenden a hablar con precisión sobre sus emociones, adquieren una lengua común para discutir límites, desacuerdos y aspiraciones.

Este proceso no elimina el conflicto, pero lo transforma en una conversación constructiva, que facilita comprender qué es lo que verdaderamente les beneficia y qué podría estar instrumentalizando su afecto o su confianza.

En este marco, la familia asume un rol activo en enseñar a cuestionar las expectativas externas. No se trata de desalentar la ambición legítima ni de frenar la curiosidad natural de los jóvenes, pero sí de enseñar a distinguir entre una aspiración que favorece su desarrollo y una presión que pretende moldearlos para beneficios ajenos.

Al cultivar una actitud de cuestionamiento amable, se ayuda a las nuevas generaciones a no aceptar nada por default porque cada norma, cada tradición o cada forma de afecto debe poder justificarse ante sí misma, especialmente cuando está en juego el equilibrio entre la cercanía familiar y la autonomía personal. Una educación basada en valores fortalece la capacidad de decir no con claridad cuando corresponde, sin sentirse culpable, y de pedir ayuda cuando se percibe una señal de manipulación o de desequilibrio.

La responsabilidad, en su dimensión práctica, se traduce en hábitos concretos que pueden anclar la vida familiar al cumplir con los compromisos adquiridos, asumir las consecuencias de las propias acciones, y participar en la construcción de acuerdos justos que contemplen a todos los miembros.

> La responsabilidad no es un corsé; es un marco que permite que cada persona, desde la infancia, comprenda cómo sus actos inciden en el bienestar colectivo.

Cuando los jóvenes observan que los adultos asumen errores, corrigen el rumbo y permiten la discusión abierta, aprenden a hacer lo mismo en sus propias relaciones, es decir, con amigos, en la escuela y en la comunidad.

Esa transferencia de hábitos es, en sí misma, una herencia valiosa que prepara a las generaciones futuras para enfrentar dinámicas complicadas sin perder el sentido ético de la convivencia.

Las tradiciones familiares pueden ser aliados poderosos cuando se cultivan con transparencia y justicia. Las costumbres, celebraciones y relatos que han pasado de generación en generación no deben convertirse en mecanismos de exclusión o de privilegio, porque son elementos que fortalecen la identidad compartida sin blindar a nadie contra la crítica interna o externa. La clave está en explicitar el significado de esas tradiciones, en revisar su pertinencia ante las nuevas realidades y en invitar a las voces de todos los miembros a enriquecerlas.

Cuando las tradiciones se viven con claridad, se convierten en espacios de aprendizaje y de fortalecimiento de vínculos basados en el respeto y la verdad, en lugar de ser cargas heredadas que dificultan el desarrollo emocional de las nuevas generaciones.

La enseñanza de límites saludables aparece como un componente esencial de este capítulo. No es contradecir el afecto ni desalentar la cercanía; es por el contrario, proteger a cada individuo para que pueda amar y ser amado sin perder la dignidad personal.

Establecer límites de forma explicita, con frases simples y ejemplos concretos, ayuda a que los jóvenes aprecien que las relaciones requieren condiciones claras para sostenerse.

Aprender a negociar límites con empatía y a adaptarlos cuando las circunstancias cambian es un aprendizaje práctico que prepara para la vida adulta, donde las responsabilidades y las tensiones se vuelven más complejas.

La idea central es que los límites no cierran el corazón ni bloquean la comunicación; los límites, bien entendidos, facilitan una convivencia más auténtica y segura, en la que la confianza puede crecer sobre bases más sólidas.

La educación de valores también implica desarrollar habilidades para pedir ayuda y para reconocer cuándo es necesario buscar apoyo fuera de la familia. Enseñar a niños y adolescentes a identificar recursos disponibles —amigos de confianza, maestros, orientadores, profesionales de la salud mental— fortalece su autonomía emocional y su capacidad de sostenerse ante situaciones complicadas.

La idea es que la familia no sea el único refugio, debe ser un núcleo que acompaña y facilita la construcción de una red de apoyo amplia y confiable. Al aprender a recurrir a otros cuando corresponde, las futuras generaciones aprenden a distribuir la responsabilidad de su bienestar y a evitar la dependencia excesiva de una sola fuente.

En la práctica, la educación en valores se materializa a través de diálogos regulares, momentos de escucha activa y ejercicios simples de empatía. Por ejemplo, una conversación semanal en la que cada miembro comparte un logro y una preocupación, seguida de una reflexión común sobre cómo las palabras y acciones de todos contribuyen al bienestar del grupo, puede convertirse en un rito que refuerza lo aprendido.

En ese marco, es fundamental enseñar a cuestionar de manera respetuosa, a expresar inquietudes sin temor a represalias y a reconocer cuando alguien ha cometido un error, pidiendo disculpas y proponiendo soluciones. Este tipo de prácticas, repetidas con constancia, crea un clima donde las personas se sienten valoradas, seguras y comprometidas con el bien común.

Un caso hipotético puede ayudar a ilustrar estas ideas sin depender de experiencias ajenas. Imaginemos una familia que está construyendo un nuevo episodio de convivencia en el que un pariente cercano ofrece regalos o favores a cambio de influir en decisiones escolares y de crianza.

En lugar de aceptar silenciosamente, los padres convocan a una reunión familiar, explican que no se cuestiona el cariño del pariente, pero que los acuerdos sobre educación y límites deben ser discutidos y acordados por todos los adultos responsables.

Se plantean reglas simples como que cada tema debe discutirse abiertamente, sin promesas condicionadas, y cualquier ayuda externa debe buscarse para corroborar que las decisiones se toman con autonomía y evidencia.

Se revisan hábitos de comunicación para evitar coacciones veladas y se acuerda diversificar las fuentes de apoyo, para que la influencia de una sola persona no desequilibre el proyecto educativo de los hijos.

Este ejercicio práctico demuestra que la educación y los valores no son meras consignas, son prácticas vivas que sostienen la integridad emocional de la familia y sientan las bases para que las futuras generaciones crezcan con libertad, responsabilidad y un profundo sentido de pertenencia.

La invitación es a consolidar una visión clara de que educar en valores no es una tarea aislada, se trata de una inversión continua que acompaña el desarrollo de cada miembro desde la infancia hasta la adultez.

Cuando las familias encarnan la honestidad, la empatía, la responsabilidad y el cuidado de los límites, crean un ecosistema que protege a las nuevas generaciones frente a dinámicas tóxicas y a la tentación de instrumentalizar las relaciones.

Este marco ético, practicado con constancia, facilita que las generaciones futuras aprendan a identificar señales de manipulación, a cuestionar expectativas y a cultivar relaciones basadas en el respeto y la sinceridad.

> El camino educativo no se limita a enseñar reglas, se limita a educar para vivir de modo consciente, para amar con libertad y para construir una red de vínculos que, a lo largo del tiempo, sostenga a la familia en su totalidad.

La protección de las futuras generaciones comienza mucho antes de que los niños pongan un pie en la escuela o asistan a su primer grupo de amigos; la educación se forja en la casa, en cada conversación que se tiene, en cada límite que se establece y en cada ejemplo diario que se ofrece sobre lo que significa decir la verdad, escuchar con atención y asumir responsabilidades.

Este capítulo aborda la tarea de sembrar valores y cultura emocional que preparen a los jóvenes para identificar las promesas y los signos sutiles de manipulación, y para sostener relaciones basadas en respeto, sinceridad y autonomía personal.

En este proceso, la educación emocional deja de ser un ejercicio opcional para convertirse en una práctica constante que acompaña a toda la familia, de modo que las nuevas generaciones aprendan a distinguir entre afecto genuino y afectos instrumentalizados, entre amor y aprobación social, entre apoyo que enriquece y coyunturas que buscan ganar influencia o recursos.

En el corazón de estas recomendaciones late una convicción simple y poderosa porque los valores no se heredan como un patrimonio inerte, pero sí se aprenden y se ejercen. Es por ello que la honestidad, empatía, responsabilidad y límites saludables deben ser principios que se modelen de forma explícita y cotidiana.

Cuando los adultos muestran pequeños actos de verdad frente a un dilema, cuando reciben una crítica sin responder con defensa automática y cuando admiten un error con humildad, están enseñando a los niños que no hay vergüenza en ser humano, que la reparación es posible y que cada decisión debe buscar el bienestar colectivo sin sacrificar la dignidad personal.

Este tipo de ejemplo, repetido con paciencia, se transforma en una educación viviente y en una guía que acompaña a los jóvenes a través de la complejidad de las relaciones actuales y las responsabilidades que vendrán en el futuro.

La claridad emocional es otro pilar de la propuesta al enseñar a los jóvenes a expresar con precisión lo que sienten, a nombrar sus temores, esperanzas y límites, y a cuestionar las expectativas que no resuenan con su verdad interior.

Construir esa claridad empieza en casa, donde los niños observan cómo se nombran las emociones y cómo se validan sin juicios excesivos. No se trata de convertir cada emoción en un tema de discusión interminable, lo ideal es crear un ambiente en el que preguntar, expresar y ser escuchados sea natural.

Este entorno facilita que los adolescentes desarrollen una voz propia, capaz de defender sus límites sin perder la conexión afectiva con la familia.

Cuando se cultiva este repertorio de comunicación, las futuras generaciones aprenden a gestionar desacuerdos con diálogo en vez de confrontación, a buscar soluciones que respeten a todos los involucrados y a entender que la confrontación puede ser necesaria, pero debe hacerse con responsabilidad y con el objetivo de fortalecer la relación, no de imponer una victoria.

La educación emocional también implica enseñar a los jóvenes a distinguir entre afecto genuino y ventajas percibidas. En muchas dinámicas familiares, gestos de cercanía pueden estar acompañados de cálculos de beneficio o de intentos de influencia.

Explicar estas dinámicas de manera clara, sin alarmismo ni culpabilización, ayuda a que los adolescentes desarrollen un sentido crítico respetuoso.

Se pueden proponer ejercicios prácticos para que ellos practiquen identificar motivaciones detrás de los gestos amables, diferenciar entre elogios que fortalecen la autoestima y elogios que buscan consolidar una posición, y entender que amar a alguien no significa necesariamente aprobar todas sus decisiones, ni permitir que se aproveche de la relación para obtener ventajas desproporcionadas.

Este aprendizaje no desmoraliza la familia; lo enriquece porque abre la posibilidad de intervenir con honestidad, establecer límites cuando es necesario y, sobre todo, mantener la conexión humana intacta incluso ante tensiones o conflictos.

Un componente central de la propuesta es la creación de entornos donde los jóvenes aprendan a pedir ayuda sin miedo a ser juzgados. La idea no es que la familia se convierta en un equipo de ayuda incondicional en todo momento, lo que se espera es que se desarrolle una red de seguridad emocional que incluya tanto a la familia como a amigos, mentores y profesionales cuando sea pertinente.

En la práctica, ello significa enseñar a los adolescentes a valorar y buscar apoyos fuera del núcleo inmediato, a reconocer cuándo la intervención de un tercero puede aportar claridad y a entender que la responsabilidad compartida no se reduce a resolver cada problema en casa, pero sí a saber cuándo es prudente pedir orientación y permitir que otros acompañen el proceso de crecimiento.

Las tradiciones familiares, cuando se gestionan con transparencia y justicia, pueden convertirse en herramientas de aprendizaje para las futuras generaciones.

Las festividades, las historias de origen, las reglas de convivencia y los rituales diarios pueden ser vehículos para enseñar valores de manera tangible y significativa. Es crucial que estas tradiciones no se conviertan en un peso que se transmite sin reflexión; deben estar abiertas a la revisión, a la inclusión de nuevas perspectivas y a la posibilidad de ajustar prácticas cuando ya no nutren sino limitan.

En este sentido, la genealogía emocional no es un lastre, sino un recurso para construir una identidad que sea al mismo tiempo arraigo y libertad para cuestionar, crecer y elegir con convicción.

Para que estas ideas cobren vida, este capítulo propone prácticas concretas que pueden adaptarse a familias de todas las edades y circunstancias.

-Incorporar rutinas de conversación intencionadas: Momentos breves, regulares, en los que cada miembro tiene la oportunidad de expresar una preocupación, un deseo o una celebración.

Estos momentos no deben transformarse en auditorías de conductas, sino en espacios de reconocimiento mutuo, en los que cada quien puede sentir que su voz es escuchada y valorada.

-Acordar compromisos familiares claros y simples que orienten las interacciones diarias: reglas para el uso de dispositivos electrónicos en la mesa, turnos de palabra en discusiones, y un marco para dar y recibir retroalimentación de forma respetuosa. Los acuerdos deben ser visibles para todos, preferiblemente por escrito y con revisiones periódicas que permitan ajustes sin que el ambiente se vuelva rígido o intimidante.

-Incorporar ejercicios de empatía que trasformen a los individuos en observadores de sí mismos y de los demás: un ejercicio sencillo consiste en turnarse para describir una situación desde la perspectiva del otro, sin descalificar la emoción opuesta; luego, cada quien verifica si su respuesta refleja la experiencia del otro y qué acordes se podrían hacer para honrar esa experiencia sin ceder a la presión ni a la manipulación.

Estas prácticas de empatía fortalecen la relación y cultivan una comprensión más profunda de la diversidad de experiencias dentro del propio núcleo familiar, lo que facilita la convivencia pacífica y la cooperación ante desafíos comunes.

La educación emocional de las futuras generaciones no se reduce a enseñar a los jóvenes a no caer en trampas; se trata de dotarlos de herramientas para crear relaciones donde el cuidado sea recíproco y auténtico.

Ese sería el verdadero legado de estas recomendaciones y una red de vínculos basada en el respeto mutuo, la honestidad y la capacidad de sostener diferencias sin dejar de amar.

En la medida en que las familias acepten este desafío, las generaciones venideras podrán atravesar las tensiones de la vida con mayor confianza y con una mayor probabilidad de construir comunidades familiares que no solo sobreviven, sino que prosperan en ambientes de verdad, responsabilidad y cuidado compartido.

A MANERA DE CIERRE

La reflexión final de este capítulo invita a mirar hacia el futuro con una mirada pragmática y compasiva, para que cada hogar pueda convertirse en un laboratorio de relaciones humanas sanas, donde se practique la comunicación abierta, se celebren los logros de cada integrante y se enseñe a los más jóvenes a discernir entre afecto genuino y manipulaciones encubiertas.

Si se logra instaurar ese vínculo entre valores y hábitos cotidianos, se protege a las futuras generaciones y se les da la posibilidad real de habitar un mundo relacional más justo, más humano y más auténtico.

Este es el norte que guía las páginas siguientes, donde se explorarán herramientas específicas para evaluar sinceridad y fortalecer vínculos basados en respeto y verdad, sin perder la humanidad que impregna la vida en familia.

UNA GUÍA PARA UNA CONVIVENCIA AUTÉNTICA

Este capítulo sintetiza las ideas centrales que atraviesan el libro y propone una guía operativa para aplicar los aprendizajes en la vida cotidiana, sin perder la humanidad que caracteriza a las relaciones familiares. En las páginas anteriores, se delinearon dinámicas y señales que señalan la presencia de falsos parientes, se exploraron patrones de comportamiento que revelan intereses disfuncionales y se presentaron herramientas para distinguir entre afecto auténtico e instrumentalización.

El objetivo es articular los fundamentos que deben guiar cada interacción, decisión y límite que una familia establece para proteger su bienestar emocional, y al mismo tiempo, el inicio para crecer juntos.

Para iniciar, se debe comprender que la presencia de falsos parientes no es una sentencia de derrota para la familia, no obstante es una señal para activar una lectura más rigurosa de la realidad afectiva.

Reconocer patrones repetidos es el paso esencial para evitar caer en interpretaciones simplistas o en juicios apresurados como favores condicionados, elogios selectivos, críticas disfrazadas de consejos, o promesas vagas que nunca se cumplen y pueden parecer gestos de cercanía; pero al observar su recurrencia y su impacto en las decisiones, se revela un marco de intereses que no favorece al conjunto.

La clave está en diferenciar, con paciencia, entre la sonrisa que acompaña la integración de la familia y la voz que busca controlar recursos, influencias o narrativas para sostener un proyecto personal.

Este discernimiento invita a realizar una lectura estratégica diseñada para proteger la verdad compartida, priorizando vínculos que fortalecen la red familiar y reducen el desgaste emocional provocado por dinámicas utilitaristas.

La intuición, cuando está acompañada de evidencia, se convierte en una aliada poderosa para navegar en entornos complejos. La intuición no es un susurro aislado; se alimenta de la observación constante de patrones a lo largo del tiempo, de la coherencia entre lo que se dice y lo que se hace, y de la capacidad de separar la emoción momentánea de las conclusiones basadas en hechos verificables.

Este enfoque no descarta la emoción; la integra, la contextualiza y la equilibra con un examen racional de las circunstancias. En términos prácticos, se trata de registrar situaciones repetidas, preguntarse sobre qué rasgos se manifiestan en distintos contextos y cuándo son más perceptibles; bien sea durante conflictos familiares, en momentos de decisión colectiva, o ante solicitaciones que podrían favorecer ciertos intereses.

La finalidad es construir una base de confianza que permita a cada miembro de la familia evaluar la autenticidad de las relaciones sin convertir la vida íntima en un campo de sospechas permanente.

La confianza, por su parte, no es un estado estático ni una promesa vacía; es un proceso que se alimenta de claridad, consistencia y responsabilidad compartida. Esta surge cuando las palabras y las acciones coinciden de forma sostenida, cuando los límites están presentes y se respetan, y cuando las personas demuestran voluntad de reparar errores y de ajustar comportamientos ante nuevas evidencias.

Cultivar la confianza no implica una vigilancia constante, se trata de la construcción de un marco de referencia común y de un conjunto de normas que todos aceptan, prácticas de comunicación que facilitan la comprensión y un repertorio de respuestas que equilibran cuidado propio y cuidado hacia los demás.

En ese marco, la apertura para abordar temas sensibles con honestidad y sin juicios prematuros fortalece las relaciones y reduce la influencia de dinámicas que buscan manipular o distorsionar la verdad por conveniencia.

El autocuidado, por su parte, emerge como un pilar central en la consolidación de vínculos sanos, porque cuidar de uno mismo no es egoísmo; es una responsabilidad para mantener la capacidad de amar y de sostener a otros. Un individuo que conoce sus límites, reconoce cuándo necesita distanciamiento temporal, y busca apoyo cuando es necesario, está en condiciones de participar de manera más auténtica y solidaria.

El autocuidado también implica diversificar la red de apoyo con amigos confiables, mentores, profesionales y otros lazos externos que ofrecen perspectivas distintas y sostén emocional. Esta diversificación no debilita la pertenencia familiar, la fortalece al evitar la dependencia excesiva de un único vínculo y al proporcionar recursos para gestionar tensiones sin sacrificar la dignidad personal ni la cohesión del grupo.

La educación emocional en las generaciones jóvenes funciona como una inversión a largo plazo, ya que enseñar a los niños y adolescentes a identificar sus emociones, a nombrarlas con claridad y a distinguir entre afecto genuino y aprobación social les da herramientas para navegar relaciones humanas con mayor autonomía.

Este aprendizaje no se limita a la infancia, se extiende a la adolescencia y a la adultez, con prácticas adaptadas a cada etapa. Las familias pueden incorporar rutinas de conversación, acuerdos familiares y ejercicios de empatía que fortalecen el tejido afectivo sin perder la claridad de límites.

Cuando las nuevas generaciones crecen en un ambiente que respeta la verdad, que fomenta la responsabilidad compartida y que valora la honestidad, se reduce la probabilidad de que toleren o reproduzcan dinámicas de instrumentalización.

El manejo de tensiones y conflictos de forma constructiva es otro componente esencial. Diferencias de opinión, disputas por recursos o desacuerdos sobre decisiones importantes deben resolverse mediante diálogo directo y respeto mutuo, evitando confrontaciones destructivas que desgasten a toda la red.

Establecer espacios de conversación estructurados, practicar la escucha activa y utilizar preguntas directas para aclarar intenciones son herramientas simples pero poderosas. Es por ello que, las respuestas no deben ser reacciones impulsivas, se busca que sean ofertas de soluciones que mantengan la dignidad de todos y protejan el bienestar emocional a largo plazo.

Para ilustrar estas ideas de manera concreta, imagine un caso hipotético que podría ocurrir en una familia de clase media: un hermano de la madre se involucra en la vida de los nietos con frecuencia, comenta servicios que ofrece y, al mismo tiempo, establece condiciones para su apoyo que benefician principalmente a su propio proyecto profesional.

En varias ocasiones, se han visto elogios que nunca llegan con la misma intensidad cuando se solicita ayuda para una necesidad real; se perciben promesas vagas y respuestas ambiguas cuando surgen temas sensibles.

La familia decide entonces instituir rutinas de diálogo semanales, con un marco claro de límites y responsabilidades, y diversifica su red de apoyo para no depender excesivamente de esa figura. A lo largo de los meses, se observan mejoras en la calidad de las conversaciones, una mayor claridad en las expectativas y una menor susceptibilidad a maniobras de instrumentalización. Este ejemplo, aunque simple, ilustra cómo la lectura de patrones, la intuición alimentada por la evidencia y la firmeza amable en la comunicación pueden transformar tensiones potenciales en oportunidades de crecimiento y de unión auténtica.

La reflexión es a recordar que la finalidad de este libro no es inocular desconfianza permanente, lo importante es sostener una convivencia que reconoce la humanidad de cada persona y, al mismo tiempo, protege el bienestar de la red familiar.

Identificar y gestionar falsos parientes implica actuar con responsabilidad, mantener la verdad como guía y cultivar una red de apoyo que amplíe la autonomía emocional de todos los miembros.

La coherencia entre lo que se dice y lo que se hace, la capacidad de pedir disculpas y de corregir errores, y la voluntad de respetar límites sin perder la cercanía son los indicadores más fiables de vínculos que resisten la prueba del tiempo.

En última instancia, este capítulo propone un marco práctico para avanzar e identificar señales, evaluar intenciones, practicar la asertividad con empatía, reforzar la confianza con evidencia y aprender a distanciarse cuando sea necesario, siempre con el objetivo de preservar la humanidad de la convivencia familiar.

La protección de las futuras generaciones exige una combinación de valores y prácticas que conecten honestidad, empatía, responsabilidad y límites saludables con una educación emocional continua y una red de apoyo diversificada. Este entramado permite que las familias sobrevivan a tensiones y desafíos, y aprendan a transitar por ellos con claridad, confianza y un compromiso compartido con el bien común.

Para sostener vínculos auténticos y saludables es imprescindible cultivar la verdad en las palabras y en las acciones, cuidar de uno mismo sin olvidarse de los otros, y enseñar a las generaciones futuras a hacer lo mismo, de modo que la convivencia familiar siga siendo una fuente de crecimiento, seguridad y pertenencia, incluso frente a las complejidades de la vida moderna.

La práctica diaria de las recomendaciones que sostienen una convivencia familiar auténtica se apoya en un enfoque gradual, coherente y consciente.

Este tema, que cierra el recorrido del libro, no propone soluciones de un solo golpe ni recetas mágicas; propone un modo de andar que permite identificar señales, fijar límites, comunicarlos con claridad y revisar continuamente los resultados.

En el corazón de este compromiso está la idea de que la confianza y la integridad de los lazos se fortalecen cuando la atención se mantiene puesta en la verdad de las palabras y en la coherencia entre lo que se dice y lo que se hace. Es un programa de trabajo cotidiano, porque pequeñas prácticas repetidas con regularidad pueden sostener relaciones auténticas a lo largo del tiempo, incluso frente a tensiones, desencuentros o la inercia de viejas dinámicas.

Para empezar, conviene recordar por qué la identificación de falsos parientes no debe entenderse como una cruzada acusatoria, sino como una decisión estratégica orientada al bienestar común.

La intuición, cuando está informada por experiencias repetidas y por la observación atenta de patrones, ayuda a distinguir entre afecto que nutre y conductas que instrumentalizan.

En la práctica, esto significa entrenar la mirada para reconocer señales en la vida cotidiana como favores condicionados que llegan con recordatorios de deuda emocional, elogios que parecen cálidos pero que ocultan un interés práctico, o la aparición de conflictos recurrentes ante temas que, a primera vista, podrían parecer menores.

Este tipo de señales no se interpretan como pruebas concluyentes, se analizan como indicios que invitan a una revisión cuidadosa y a la construcción de respuestas que preserven la dignidad de todas las personas involucradas.

La primera gran habilidad que se propone desarrollar es la identificación gradual de señales porque no basta con notar un episodio aislado; es necesario observar patrones que se repiten a lo largo del tiempo, en distintos contextos y ante diferentes interlocutores.

Por ejemplo, cuando alguien ofrece un favor por adelantado y luego espera una reciprocidad específica que beneficia solo a esa persona, es señal de una dinámica desbalanceada. Si la misma persona, en encuentros familiares, elogia públicamente para ganar reconocimiento y, en privado, minimiza o distorsiona información para favorecer su versión de la historia, la lectura debe ir más allá de la emoción momentánea.

En este plano, llevar un registro sencillo de interacciones facilita ver el cuadro completo en cuanto a qué se ofreció, qué se solicitó, qué sucedió cuando hubo conflicto y cómo respondió la otra persona ante respuestas propias o ajenas. Este registro es una herramienta de claridad que ayuda a decidir dónde invertir energía y límites de forma más consciente.

Una vez que las señales se vuelven más visibles, el paso siguiente es definir límites claros y razonables. El objetivo no es separar por completo, se busca proteger la autonomía emocional de cada individuo y la salud del conjunto.

En la práctica, esto implica distinguir entre temas innegociables y temas que pueden discutirse con condiciones. Por ejemplo, ciertos aspectos de la vida familiar pueden requerir un marco de límites que especifique qué tipo de comentarios o intervenciones son aceptables en la mesa familiar, durante reuniones o en la esfera digital.

Establecer esas fronteras con lenguaje claro y respetuoso evita que las conversaciones se vuelvan arenas movedizas o que las promesas pongan en riesgo la confianza.

La clave está en formular límites en términos de comportamientos observables, no de juicios de valor sobre la persona. Decir "no" de forma empática, ofrecer alternativas seguras y explicar el porqué de cada límite son prácticas que reducen la posibilidad de escaladas y mantienen abierta la posibilidad de una comunicación constructiva. La comunicación asertiva es el otro pilar, imprescindible para sostener límites sin dañar la relación porque expresar necesidades y preocupaciones con claridad, sin ataques personales, mantiene la conversación en un terreno seguro para todos.

Este tipo de diálogo evita la tentación de disculparse en exceso o de cargar a la otra persona con culpas que no corresponden a la realidad de la situación.

La asertividad implica describir comportamientos específicos que se desean ver, explicar el impacto de esos comportamientos en el bienestar de la familia y proponer acciones concretas para avanzar.

Un ejemplo práctico podría ser: "Cuando haces comentarios sobre X tema en presencia de Y, me siento presionado y menos capaz de expresar mi opinión. Aprecio tu interés, pero prefiero que estos temas se traten en conversaciones privadas o en un momento específico, con mi consentimiento previo".

Este tipo de aclaración mantiene la dignidad de la interacción y facilita que la relación se recupere o se mantenga en un terreno de respeto mutuo.

La escucha activa es otra pieza central, ya que no basta con oír, es necesario escuchar para entender. Este compromiso con la comprensión evita interpretaciones apresuradas y promueve respuestas más circulares, en las que las personas se sienten realmente vistas y escuchadas.

En la práctica, la escucha activa se manifiesta en pausas, en parafraseos simples que confirman la comprensión y en la apertura para reajustar las posturas cuando aparecen nuevos datos. Cuando alguien comparte una preocupación o una queja, una respuesta basada en la escucha activa cambia el tono de la conversación y reduce la tentación de defenderse de forma defensiva.

La escucha activa, acompañada de la humildad de reconocer errores propios y la voluntad de ajustar comportamientos, fortalece la confianza y abre la puerta a acuerdos más realistas y sostenibles.

La revisión de resultados es la segunda cara de la moneda después de la comunicación. Los acuerdos, límites y promesas deben evaluarse con regularidad para evitar que la memoria seleccione solamente los recuerdos confortables o, por el contrario, que la negatividad se convierta en la única lente de la lectura.

Una revisión periódica puede ser tan simple como una breve conversación semanal o quincenal en la que se revisen los compromisos acordados, se verifique si se cumplieron y se adusten en función de nuevas circunstancias.

Este hábito evita que la interacción se estanquen en una repetición mecánica de rituales que ya no funcionan y facilita la detección oportuna de desviaciones que requieren una respuesta serena y responsable.

La gratitud y el reconocimiento son herramientas sutiles, pero poderosas, para sostener vínculos a lo largo del tiempo. Expresar aprecio por comportamientos que nutren la relación refuerza la dirección deseada y crea un clima más favorable para discutir límites y propuestas de mejora. Este gesto, además, no se limita a los vínculos más cercanos porque cuando se observa una mejora gradual en el comportamiento de un pariente, reconocer ese avance promueve un ciclo de refuerzo positivo y facilita la continuidad de las prácticas saludables.

La diversidad de apoyo emerge como una red de seguridad emocional, una protección contra la dependencia excesiva de una sola relación. En la práctica, esto significa cultivar amistades, mentoría, y apoyos profesionales que ofrezcan perspectivas distintas y complementarias.

Una red amplia reduce la vulnerabilidad ante tensiones que puedan surgir en un único vínculo y favorece un marco de autonomía emocional para todos los miembros de la familia. La idea no es desdibujar la intimidad familiar, el objetivo es enriquecerla con recursos externos que amplían la capacidad de sostener la verdad y la responsabilidad compartida.

En el plano de las técnicas, la gestión de momentos de conflicto demanda una especial atención a la forma en que se abordan los desencuentros. Evitar la confrontación abierta cuando la tensión está elevada, buscar soluciones prácticas y recurrir a mediación cuando sea necesario son estrategias que permiten conservar la dignidad de la relación y reducir el daño emocional.

El objetivo es evitar que el conflicto se convierta en un cierra-círculos de resentimiento que debilita la confianza y erosiona la cooperación futura. La idea es mantener una trayectoria de resolución de diferencias que fortalezca el tejido afectivo sin sacrificar la claridad de límites y la responsabilidad compartida.

A modo de visión de conjunto, los hábitos descritos trazan un marco práctico para vivir las recomendaciones del libro en el día a día del hogar y una lectura estratégica de la red afectiva basada en:

- Patrones repetidos;
- Límites definidos con dignidad y precisión;
- Comunicación asertiva que cuida más la relación que la confrontación;
- Escucha atenta que valida experiencias;
- Revisión constante de resultados para ajustar rutas;
- Gratitud que refuerza lo que funciona;
- Red de apoyo diversa que amplia horizontes;
- Una actitud de humildad que permita aprender y corregir en el camino.

Todo ello, aplicado de manera constante, fortalece vínculos que pueden resistir tensiones y crecer con el tiempo, manteniendo la humanidad de la vida familiar.

A MANERA DE CIERRE

La invitación es tomar estos consejos prácticos como una guía permanente, no como una lista de obligaciones porque cada familia puede adaptar estas prácticas a su propia realidad, respetando ritmos, tradiciones y valores.

Lo importante es mantener la coherencia entre palabras y acciones, nutrir la confianza con acciones consistentes y, sobre todo, cultivar una educación emocional que empodere a las generaciones presentes y futuras. Si se logra sostener este marco, las distancias necesarias no serán signos de ruptura, sino manifestaciones conscientes de cuidado del propio bienestar y cuidado del tejido que une a la familia.

En ese sentido, los consejos para el día a día son herramientas vivas para sostener, enriquecer y reconstruir, cuando haga falta, la calidad de las relaciones y la integridad del hogar.

Con estas pautas, este capítulo ofrece una brújula para la vida cotidiana de identificar señales, preguntar con apertura, establecer límites claros y revisar resultados con regularidad; practicar la escucha activa y la gratitud; reforzar la autonomía emocional mediante una red de apoyo diversa; y, sobre todo, cultivar una convivencia que, aun frente a tensiones, permanezca fiel a la verdad y al deseo compartido de un hogar más humano y más justo.

Este es el camino práctico hacia la conclusión del libro: no solo entender por qué existen los falsos parientes, sino construir un modo de vivir en el que la confianza, la autenticidad y el autocuidado sustentan cada paso que damos, para el beneficio de las generaciones presentes y futuras.

CONCLUSIÓN

Este libro ha estado, desde su primera página, buscando una brújula para navegar entre la cercanía que nutre y la cercanía que instrumentaliza. La conclusión es una invitación a llevar a la vida cotidiana las ideas centrales que hemos explorado, entre las que se encuentran la verdad afectiva como cimiento, la responsabilidad compartida como motor, y la autonomía emocional como derecho de cada miembro de la familia.

Si la lectura de estas páginas ha enseñado algo, es que la convivencia plena no surge de la mera presencia, lo hace de un equilibrio consciente entre confianza y límites, entre empatía y claridad, entre amor y verdad. En ese marco, lo esencial es recordar las señales que nos ayudan a distinguir entre afecto genuino e interés disfrazado.

A lo largo de los capítulos se han delineado patrones con favores condicionados, elogios selectivos, críticas encubiertas disfrazadas de consejos, silencios estratégicos y una inversión emocional que siempre parece favorecer a una parte. No buscamos convertir a cada persona en sospechosa, pero lo ideal sería construir una lectura estratégica de la red afectiva para reconocer cuándo las acciones acompañan a las palabras y cuándo esas señales piden respuestas firmes.

La coherencia entre lo que se dice y lo que se hace se convierte, entonces, en un barómetro práctico y una pista fiable de autenticidad que nos permite decidir con mayor serenidad dónde invertir tiempo, energía y límites.

> La lectura de estos textos se apoya en herramientas operativas que no son recetas rígidas, ya que invitan a observar patrones repetidos a lo largo del tiempo, escuchar con atención y registrar hechos verificables que crean un trípode para la toma de decisiones.

La intuición, alimentada por evidencia y por conversaciones honestas, se transforma en una guía que acompaña sin sustituir al razonamiento. A la vez, la educación emocional y el autocuidado no son indulgencias, son condiciones necesarias para sostener vínculos sanos ante tensiones inevitables.

Enseñar a las generaciones más jóvenes a nombrar emociones, a distinguir entre apoyo que fortalece su autonomía y apoyo que busca forzar una narrativa, representa un legado que trasciende momentos y contextos.

La construcción de límites claros es otro pilar central porque no hay que erigir murallas, el objetivo es trazar fronteras que protejan la dignidad de cada persona y la integridad del grupo. Por otro lado, la asertividad, la claridad en las expectativas y la consistencia en las respuestas se articulan como un trío que facilita conversaciones difíciles, reduce malentendidos y evita que la presión o la culpa den lugar a tácticas de control.

La gestión de espacios de interacción—reuniones con estructura, horarios de contacto razonables y, cuando corresponde, mediación externa—refuerza esa capacidad de sostener lo necesario sin sacrificar la humanidad de la relación.

La exploración de casos reales y de escenarios prácticos nos conduce, además, a entender la importancia de distanciarse con propósito y cuidado. Distanciarse no equivale a castigar, es a veces la única forma de preservar la salud emocional y abrir espacio para vínculos que sí nutren.

Este libro propone distanciamiento planificado con procesos de diálogo, con apoyos externos cuando es preciso y con una red de vínculos que reduzca la dependencia de una única fuente de influencia. En ese sentido, la protección emocional deja de ser un acto defensivo para convertirse en una estrategia de crecimiento y de sostenibilidad para la familia.

Mirando hacia el futuro, la educación de valores y la promoción de una red de apoyo diversa emergen como las herramientas más potentes para las generaciones venideras. Honestidad, empatía, responsabilidad y límites saludables deben modelarse en la vida diaria, desde la infancia hasta la adultez, para que la convivencia no dependa de la suerte de encontrarse con personas particularmente nobles, pero sí de una cultura compartida de verdad y cuidado.

A partir de esa base, las futuras generaciones aprenderán a discernir entre afecto que libera y afecto que constriñe, a pedir ayuda sin miedo y a construir relaciones que sostengan la libertad individual sin perder la pertenencia colectiva.

El libro cierra con una invitación tangible y no con una promesa vacía, se espera que el lector realice una práctica diaria de sus relaciones familiares y personales, a conversar con franqueza cuando sea necesario, a sostener límites con empatía y a buscar apoyos cuando el camino lo exija.

Si cada familia adopta este marco de responsabilidad y humanidad, podrá convertir la verdad en un aliado constante, proteger a las generaciones presentes y futuras, y cultivar una convivencia que, aun en medio de tensiones, permanezca fiel a la dignidad de cada miembro y a la promesa de un hogar más humano y más justo.

PALABRAS FINALES

Este viaje por la familia ha sido, ante todo, un llamado a mirar con honestidad las dinámicas que sostienen o desgastan nuestras relaciones. La propuesta está ligada a encontrar la claridad y dejar a un lado la desconfianza, también se espera que se logre distinguir entre afecto genuino y el interés disfrazado; y entre apoyo que empodera y la cercanía que condiciona. Las herramientas desarrolladas aquí buscan acompañar a cada lector en esa lectura, para convertirla en decisiones responsables y en límites que protejan la dignidad de todos.

Gracias por acompañar este recorrido. Agradezco a las familias que inspiran con su experiencia cotidiana, a quienes se comprometieron a conversar con franqueza y a quienes, desde la educación emocional, sostienen la esperanza de generaciones futuras más conscientes y humanas.

Este libro espera haber sembrado un mapa útil al observar patrones, escuchar con atención, comunicar con asertividad, registrar hechos verificables y acudir a apoyos cuando hagan falta. Todo ello para fortalecer vínculos que nutren, sostener la autonomía emocional y evitar que la instrumentalización transforme la cercanía en poder.

> Que cada hogar conserve la libertad de decir no cuando sea necesario —aléjate de inmediato de los suegros infelices, de los hermanos que exigen sin dar, de cualquier vínculo que pese más de lo que sostiene— y la humildad de decir sí cuando corresponda, siempre movidos por el bien común.

Ojalá la confianza, alimentada por la verdad y la empatía, guíe cada paso hacia una convivencia más madura y digna.

QUERIDO LECTOR,

Gracias por acompañarme en este viaje a través de estas páginas. Si este libro resonó contigo, te inspiró o te brindó alguna luz en tu camino, te invito a dejar una reseña en el lugar donde lo adquiriste.

Tus palabras son un faro que ayuda a otros buscadores a encontrar este mensaje, y significan más de lo que imaginas.

Gracias de corazón por tu apoyo y por ser parte
de esta travesía.

APÉNDICE

Entre las fuentes que inspiran este libro se destacan obras que abordan la confianza, los límites y la gestión de conflictos en las dinámicas familiares, la educación emocional y la construcción de vínculos auténticos.

- Gottman y Silver, Las siete claves para hacer que el matrimonio funcione, ofrecen aportes sobre la coherencia entre palabras y acciones y la importancia de la interacción positiva sostenida.
- Daniel Goleman, Inteligencia Emocional, ilumina la relación entre empatía, autocontrol y bienestar relacional.
- Marshall B. Rosenberg, Comunicación no violenta, aporta herramientas para conversar con claridad y paciencia, sin caer en ataques personales.

- Brené Brown, El don de la imperfección, nutre la reflexión sobre vulnerabilidad, coraje y responsabilidad compartida en la vida familiar.
- Daniel J. Siegel y Tina Payne Bryson, El cerebro del niño, propone enfoques para comprender las respuestas emocionales y facilitar una educación afectiva sólida.
- Henry Cloud y John Townsend, Límites, ofrecen pautas prácticas para definir fronteras sanas sin perder la cercanía.
- The Arbinger Institute, La anatomía del conflicto, aporta un marco para transformar tensiones en aprendizaje y cooperación.
- Roman Krznaric, La empatía, refuerza la idea de que mirar desde la perspectiva del otro fortalece comunidades familiares.

Estas referencias son coherentes con la línea del libro de identificar manipulaciones, cultivar límites justos, y fomentar una educación emocional que sostenga a las futuras generaciones. Complementan la obra textos sobre crianza consciente, desarrollo de la autoestima y estrategias para sostener relaciones complejas sin perder la dignidad humana.

En conjunto, estas fuentes reales o plausibles proporcionan un basamento práctico y teórico para las herramientas, ejercicios y casos presentados, y sirven para verificar conceptos clave como la autenticidad, la reciprocidad y la responsabilidad compartida en la convivencia familiar.

GLOSARIO DE TÉRMINOS

•*Falso pariente*: Miembro de la familia que aparenta cercanía pero actúa movido por intereses que no coinciden con el bienestar de la unidad. Sus gestos de apoyo suelen estar condicionados por beneficios que obtiene a cambio.

•*Favores condicionados*: Ayuda ofrecida solo si se cumplen determinadas condiciones que aseguran una ganancia futura para quien la ofrece. Este patrón genera deuda emocional y facilita un control sutil sobre decisiones familiares.

•*Elogios selectivos:* Palabras de alabanza que aparecen solamente cuando favorecen a quien las emite o buscan influir en una decisión. Refuerzan una narrativa positiva para quien habla, no necesariamente la verdad compartida.

•*Silencios cómplices:* Ausencias o omisiones estratégicas para evitar confrontaciones o para manipular la narrativa. Funcionan como herramientas de control que dificultan la construcción de confianza.

•*Crítica disfrazada de consejo*: Intervención que parece útil y bienintencionada, pero que orienta la decisión o descalifica a otros para beneficio propio. Suele buscar legitimidad en la supuesta experiencia.

•*Coherencia entre palabras y acciones:* Consistencia entre lo que se dice y lo que se hace a lo largo del tiempo. Es un indicio sólido de autenticidad o de su ausencia.

•*Reciprocidad real*: Dar y recibir de forma equilibrada a lo largo del tiempo, fortaleciendo la relación y evitando desequilibrios de poder. Sostiene vínculos sanos y justos.

•*Límites*: Barreras claras para proteger el bienestar emocional y la autonomía de cada miembro. Definen qué conductas son aceptables y cuáles requieren replanteo.

•*Distanciamiento:* Reducción planificada de la cercanía con una persona para preservar la salud emocional de la red familiar. No es castigo, es una estrategia de cuidado.

•*Autocuidado:* Conjunto de prácticas para cuidar la salud mental y emocional, preservando la capacidad de amar y sostener a otros. Es base para relaciones más sanas a largo plazo.

•*Intuición*: Lectura guiada por experiencia y evidencia, afinada con observación y pruebas directas. Se nutre de hechos y de la revisión de señales repetidas.

•*Educación emocional:* Proceso de enseñar a identificar, nombrar y gestionar emociones, y a construir respuestas sensibles en las futuras generaciones. Fortalece la convivencia y la autonomía.

•*Red de apoyo*: Red diversa de personas (amigos, mentores, profesionales) que sostienen la salud emocional de la familia.

Amplía las fuentes de sostén y reduce dependencia de un único vínculo.

•*Observación de patrones*: Identificación de repeticiones en conductas para distinguir afecto genuino de instrumentalización. Permite prever dinámicas y responder con límite y claridad.

•*Registro de interacciones:* Historial breve de interacciones relevantes para detectar cambios y verificar promesas. Sirve como memoria objetiva ante narrativas sesgadas.

•*Comunicación asertiva*: Expresar necesidades y límites con claridad y respeto, sin ataques personales. Facilita acuerdos y reduce malentendidos.

•*Gestión de conflictos*: Tratamiento de diferencias mediante diálogo directo y respetuoso, buscando soluciones prácticas. Evita confrontaciones destructivas y desgaste emocional.

•*Mediación*: Intervención de un tercero neutral para facilitar conversaciones difíciles y buscar acuerdos justos. Contribuye a equilibrar poder y aportar perspectiva externa.

•*Transparencia en la comunicación:* Explicar intenciones y límites de forma clara para reducir ambigüedades. Favorece la confianza y la colaboración.

•*Confianza:* Seguridad emocional que surge de la coherencia entre palabras y acciones, con límites respetados y responsabilidad compartida. Es la base de vínculos duraderos.

RECURSOS Y REFERENCIAS

En estas páginas finales se propone un catálogo curado de recursos que acompañarán al lector más allá de la lectura, para convertir la comprensión en práctica cotidiana y en un compromiso sostenible con vínculos familiares más sanos y humanos. A continuación, un itinerario útil, construido a partir de las ideas centrales del libro: observar patrones, distinguir entre afecto genuino e instrumentalización, y sostener límites con empatía y responsabilidad compartida.

LECTURAS Y ENFOQUES CONCEPTUALES:

Contenidos que articulan, de forma accesible, la lectura de dinámicas familiares, la educación emocional y la gestión de límites.

Valor: ofrecen un marco de referencia claro para sostener la intuición con evidencia y ampliar la comprensión de la salud emocional en la familia.

HERRAMIENTAS DE OBSERVACIÓN Y REGISTRO:

Mapas de señales, diarios de interacciones y fichas de promesas cumplidas o incumplidas.

Valor: permiten ver patrones repetidos a lo largo del tiempo y convertir percepciones en evidencia objetiva para la toma de decisiones.

PRÁCTICAS DE COMUNICACIÓN Y ESCUCHA:

Guías para la escucha activa, formulación de preguntas abiertas, parafraseo y expresión asertiva de límites.

Valor: facilitan diálogos constructivos que protegen la dignidad de todos y reducen malentendidos.

GESTIÓN DE LÍMITES Y DISTANCIAMIENTO:

Protocolos de conversación, criterios para distinguir temas innegociables y técnicas para un distanciamiento gradual cuando corresponde.

Valor: sostienen la convivencia sin perder la humanidad, cuidando la autonomía emocional.

MEDIACIÓN Y APOYO EXTERNO:

Recursos para recurrir a terapeutas familiares, mediadores o consejeros cuando se necesita una visión neutral y herramientas adicionales.

Valor: proporcionan claridad y estructuras para resolver tensiones complejas sin desgaste.

EDUCACIÓN EMOCIONAL PARA GENERACIONES FUTURAS:

Prácticas habituales para cultivar empatía, cuestionamiento sano de expectativas y la capacidad de decir no con respeto. Esto puede trabajarse desde edades tempranas mediante el ejemplo cotidiano, el diálogo abierto sobre emociones y la validación de sentimientos, en lugar de la imposición de normas rígidas.

Valor: promueven una herencia de habilidades emocionales que protege a las próximas generaciones.

DIVERSIDAD DE APOYO:

Estrategias para construir redes de apoyo amplias con amigos, mentores y profesionales, evitando la dependencia excesiva de un único vínculo.

Esto puede incluir grupos comunitarios, espacios de ocio compartido o redes familiares extendidas, que ofrecen distintos tipos de respaldo emocional y práctico según el contexto.

Valor: aumenta la resiliencia de la red afectiva ante tensiones.

HERRAMIENTAS DIGITALES Y PRÁCTICAS COTIDIANAS:

Aplicaciones, recordatorios y formatos simples de seguimiento que faciliten la continuidad de las buenas prácticas.

Valor: hacen visible la práctica diaria sin sobrecargar a la persona.

EVALUACIÓN DE SINCERIDAD:

Listas de verificación de coherencia entre palabras y acciones, reciprocidad real y consistencia en respuestas ante tensiones.

Valor: dotan al lector de criterios operativos para leer relaciones con objetividad y confianza.

CASOS PRÁCTICOS Y EJERCICIOS DE TALLER:

Escenarios breves para aplicar las herramientas en contextos familiares reales, como simulaciones de conversaciones difíciles, dinámicas de role-playing o reflexiones guiadas en pareja o grupo familiar.

Valor: transfieren la teoría a oportunidades de aprendizaje activo y crecimiento compartido, facilitando que los conceptos se internalicen mediante la práctica y no solo mediante la lectura o la discusión teórica.

GLOSARIO Y REFERENCIAS CLAVE:

Definiciones concisas de conceptos clave y conceptos para profundizar sin perder el hilo lector.

Valor: facilita la revisión y la aplicación continua de los principios rectores del libro.

Este conjunto de recursos busca sostener la promesa del libro de ransformar una lectura crítica en una vida cotidiana más auténtica, resiliente y justa para las actuales y las futuras generaciones.

www.ingramcontent.com/pod-product-compliance
Lightning Source LLC
LaVergne TN
LVHW050914210926
848482LV00012B/432
* 9 7 9 8 9 5 0 0 3 7 8 7 0 *